1 Ernährung bei Mundschleimhautentzündung

Diese Empfehlungen bitte immer mit Ernährungsberater/in, Arzt oder Diätologen/in absprechen! Die Rezepte und Zutatenlisten unterstützen die medizinischen Therapien.

Die Kalorienangaben frischer Zutaten (Obst und Gemüse) und die Inhaltsstoffe schwanken je nach Qualität und Erntezeit. Die Inhalte wurden von einer Diätologin und einer Ernährungsberaterin für die Traditionelle Chinesische Medizin (TCM) geprüft.

Autor:

Liebe Leserinnen und Leser, ich wünsche Ihnen viel Erfolg und gutes Gelingen bei der Umstellung Ihrer Ernährung. Dieses Buch wurde aus eigener Erfahrung mit Krankheit und Ernährung geschrieben und ich habe schon immer das Zubereiten guter Speisen geschätzt. Wenn Sie nicht so geübt sind im Kochen, empfiehlt sich ein Kurs bei Ernährungsberatern oder Diätologen, die Ihnen die Grundlagen der Kochmethoden sowie die richtige Verarbeitung der Zutaten vermitteln können. Anhand der Lebensmittellisten aus diesem Buch können Sie weitere Rezepte entwickeln und entdecken.

Quelle:
Die Listen werden aus der EBNS-Datenbank für die Ernährungsberatung generiert. Die Datenbank wird von Ernährungsberater, Therapeuten und Ärzte für die Beratung der Patienten/Klienten verwendet und ermöglicht eine Kombination mehrerer Syndrome.

Literaturliste:
Wir haben die Unterlagen als Wissensbasis genutzt und an unsere Erfahrungen angepasst und ergänzt.
www.ebns.at

Herstellung und Verlag:
BoD – Books on Demand, Norderstedt
ISBN: 9783837029031

DIÄTETIK - Gastrointestinaltrakt - Mundhöhle und Speiseröhre - Mundschleimhautentzündung

(Buch: 034)

1.1 Vorwort

Die Weltgesundheitsorganisation (WHO) davon spricht, dass bis zu 80% der Erkrankungen durch äußere Faktoren wie Ernährung, Lebensstil, Umweltgifte und dergleichen beeinflusst werden.

Welche Faktoren also jeder einzelne von uns aktiv beeinflussen kann und somit seine Chancen auf Erhöhung der allgemein Gesundheit erzielen kann, darum geht es auf den folgenden Seiten.

Der Fokus in diesem Buch liegt auf dem Faktor mit der größten Hebelwirkung - der Ernährung.
Schon Hippokrates hat einst gesagt "Lass die Nahrung deine Medizin sein und Medizin deine Nahrung!" Kräuterpädagog:innen heute sagen so: "Es gibt für jede Krankheit das richtige Kraut."

Egal wie wir es drehen und wenden, wir sind was wir essen (und was unser Essen gegessen hat). Der moderne Mensch sieht sich gerne isoliert von seiner Umwelt. Wir entstehen aus unserer Umwelt, wir leben inmitten von ihr und wenn wir sterben gehen wir wieder in unsere Umwelt über. Während wir leben essen wir das, was in unserer Umwelt wächst (oder in Fabriken chemisch erzeugt wird). Diese Nahrung liefert die Energie und Bausteine, für den eigenen Körper, für den Stoffwechsel, Zellerneuerung, den Hormonhaushalt und damit für unser gesamtes Sein, die Gesundheit und unser Empfinden.

Hier ein paar Grundbausteine, bevor in dem Buch noch näher auf Ernährungsfaktoren eingegangen wird, die sozusagen der kleinste gemeinsame Nenner der meisten Ernährungsphilosophien sind:

- Saisonalität
    - Winterpflanzen, wie zum Beispiel verschiedene Kohlgewächse, versorgen uns mit Unmengen von

Vitamin C und Bitterstoffen. Zwei Faktoren, die unser Immunsystem bei der Abwehr von der Kälte und den typischen Infekten in der Winterzeit unterstützen.
    - Sommerpflanzen wie zum Beispiel Gurken, Tomaten aber auch Zitrusfrüchte kühlen unseren aufgeheizten Körper und versorgen uns mit viel Wasser.
    - Außerdem müssen bei saisonalen Pflanzen weniger chemische Helferlein eingesetzt werden, da die passenden Umweltfaktoren das Wachstum sowieso fördern.
- Regionalität
    - Damit einher geht auch der Faktor der Regionalität. Regionale pflanzliche Lebensmittel werden reif geerntet und haben somit alle Nährstoffe entwickeln können. Im Gegensatz dazu wird Obst und Gemüse aus ferneren Ländern unreif geerntet und nur durch den Einsatz von chemischen Mitteln unnatürlich "nachgereift" - bzw. nur nach-gefärbt. Die Dichte der Nährstoffe und auch der Geschmack kann dabei niemals mit regionalen Lebensmitteln mithalten. (Sie haben es vielleicht schon selber erlebt, dass eine Südfrucht aus dem jeweiligen Ursprungsland dort im Urlaub viel süßer und vollmundiger schmeckt als die gleiche Frucht aus dem zentraleuropäischen Supermarkt).
- Pflanzenbasierte Ernährung
    - Ja, diese Basis teilen selbst die Anhänger der Fleischdiät mit den Veganern. Denn bei der Fleischdiät geht es auch um Fleisch von Tieren, die sich artgerecht, sprich von vielen Gräsern und Kräutern ernährt haben. Die Masse an Getreide in der heutigen Ernährung - egal ob bei Mensch oder Tier - entspricht nicht der natürlichen Ernährungsweise. Sie macht uns krank, dick und manche behaupten sogar dumm (das weist auf die Schädigung der neuronalen Netzwerke hin, die durch den Konsum von Kohlenhydraten passiert hin). Pflanzen im Sinne von Gemüse, Kräutern, Salaten, Sprossen, in geringen Mengen Obst, Nüsse, Samen, etc. liefern neben den viel beschriebenen Vitaminen und Mineralstoffen vor allem sekundäre Pflanzenstoffe, die herausragende Heilwirkung haben. So werden eine Vielzahl unserer Medikamente auf Basis der natürlich vorkommenden Pflanzenstoffe nachgebaut. Allerdings sind da diverse Säuren und

andere Wirkstoffe extrahiert und wirken nur alleine - mit den Pflanzen selbst nehmen wir sie in einer reichhaltigen und sich gegenseitig verstärkenden Kombination vielerlei wirksamer Stoffe zu uns.

Ja zusätzlich zu diesen 3 großen Punkten gibt es immer noch sehr viel zu beachten. Ein optimales Verhältnis von Omega 3 zu Omega 6 Fettsäuren (empfohlen wird 1:3), eine individuell und situationsbedingte Eiweißversorgung und so weiter.

Eine ganz gute und einfache Richtlinie für die alltägliche Ernährung bietet der ideale Teller. Der sieht so aus, dass möglichst jede Mahlzeit zur Hälfte aus pflanzlichen Bestandteilen besteht, ein Viertel der Eiweißversorgung dient und ein Viertel die Mahlzeit durch gute Fette und eventuell Kohlenhydrate abrundet.

Die Feinjustierung rund um die Zubereitungsarten, die Zusammenstellungen und so weiter sehe ich als sehr individuell an. Es gibt meines Erachtens nicht die 1 perfekte Ernährung. Es gibt so viele großartige Philosophien und Studien, die alle wunderbare Heilungen berichten und sich dabei aber gegenseitig ausschließen. Was auf den ersten Blick vielleicht paradox wirkt, eröffnet bei näherer Betrachtung ganz viele Möglichkeiten des Probierens und neuer Chancen.

Neben der Ernährung werden noch folgende Faktoren genannt:

- die Giftstoffbelastung in unserer Umwelt sowie in Pflegeprodukten oder eben in der Ernährung
- eine Balance aus Aktivität, (kurzzeitigem) Stress und der Entspannung wie auch Schlaf
- Aufarbeitung der emotionalen Wunden aus der Vergangenheit und Steigerung der Resilienz
- Biologische Zahnheilkunde
- eine optimierte Versorgung durch Heilkräuter, Heilpilze udgl.
- Früherkennung durch bewährte und schonende Verfahren

1.2 Beschreibung

Bei Erkrankungen der Mundhöhle, des lymphatischen Rachenringes und des Ösophagus muss die Kost der jeweiligen Situation angepasst werden.

1.3 Therapiestrategie

xx Vermeiden Sie Lebensmittel und Speisen mit grober Struktur, an denen Sie lange kauen müssen wie z. B. Zwieback, Knäckebrot. Bei starken Beschwerden sollten Sie flüssige, breiige Speisen bevorzugen. Schneiden Sie feste Speisen vor dem Essen extra klein. Auch der Einsatz von fertig zubereiteter Babynahrung im Glas ist im Einzelfall sinnvoll, da diese sehr mild gewürzt ist. Verzichten Sie nach Möglichkeit auf größere Mengen von Milchspeisen wie Grießbrei oder Milchreis, da sie die Speichelproduktion herabsetzen und zur Verschleimung der Mundhöhle führen können. Fruchtsäure haltiges Obst und Getränke wie Orangen-, Zitronen- oder Grapefruitsaft und auch Früchtetees können zusätzliche Schmerzen verursachen. Karotten- und andere Gemüsesäfte sind säurearm. Lutschen Sie mehrmals täglich gefrorenen Ananassaft, dessen Inhaltsstoffe sich günstig auf die geschädigte Schleimhaut auswirken. Auch gefrorener Salbeitee oder gefrorenes Wasser haben sich bewährt. Kauen Sie zuckerfreie Kaugummis, die Ihre Speichelproduktion anregen. Spülen Sie den Mund nach jeder Mahlzeit mit mildem Salzwasser, Salbei- oder Eibischtee. Verwenden Sie keine handelsüblichen Mundwasser wegen des darin enthaltenen Alkohols. Putzen Sie Ihre Zähne mit einer extraweichen Nylonbürste und verwenden Sie ergänzend ein fluoridreiches Zahngel. Bei Verwendung einer Zahnprothese sollten Sie diese vorübergehend entfernen. Sie sollten auf das Rauchen verzichten. Halten Sie Ihre Lippen durch Vaseline oder Ähnliches geschmeidig.
Achten Sie darauf, keine heißen Speisen zu essen.

1.4 Vermeiden

Zwieback, Knäckebrot, Grießbrei oder Milchreis, Orangen-, Zitronen- oder Grapefruitsaft, Früchtetees.
Vorsicht bei: Säurehaltigen Speisen und Getränken, Salzigen Speisen, Stark gewürzten Speisen, Alkohol.

2 Speiseplan

Kkal. p. Portion

2.1 Frühstück

Apfelmus mit Rosinen	73,6
Astronautenkost	1045,0
Aufgeschlagene Banane	144,0
Bananen-Sojamilch	125,8
Buddhistische Reissuppe	279,8
Cranberrisaft	43,5
Fenchel-Reissuppe	155,9
Gerstenschrotsuppe	265,4
Getreidekaffee mit Kardamom	3,6
Grießbrei mit Banane	307,3
Grießsuppe mit Gemüse	105,5
Hüttenkäse mit gedünstetem Obst	214,5
Karotten- Reisschleimsuppe	101,0
Kartoffelcreme mit Kräuter-Frischkäse	217,0
Preiselbeer-Joghurt-Mix	57,1
Quarkknödel auf Erdbeermus	553,3
Reis mit Pastinake	206,5
Reis-Congee mit Karotten und Fenchel	131,6
Reis-Dulse-Suppe	190,9
Reispudding	316,2
Rinderbrühe mit Eigelb	173,5
Tee aus Anissamen	2,8
Tee aus Fenchel	0,0
Tee aus Käsepappel	0,0
Tee aus Malven	0,0
Vanillepudding	254,7

2.2 Jause

Baby Bananenbrei	235,6
Gewürzkuchen mit Datteln	807,7
Karotten mit Kartoffelschnee	316,1
Kohlrabi Zweierlei	278,4

2.3 Mittag

Apfelmus mit Rosinen	73,6
Astronautenkost	1045,0

Aufgeschlagene Banane ... 144,0
Baby Zartes Fenchel-Gemüse ... 70,2
Bananen-Sojamilch ... 125,8
Buddhistische Reissuppe ... 279,8
Cranberrisaft ... 43,5
Fenchel-Reissuppe ... 155,9
Gefrorener Ananassaft ... 29,5
Gefrorener Salbeitee ... 15,8
Gerstenschrotsuppe ... 265,4
Getreidekaffee mit Kardamom ... 3,6
Grießbrei mit Banane ... 307,3
Grießklößchen mit Mascarpone und Erdbeersoße ... 331,3
Grießklößchensuppe ... 287,0
Grießsuppe mit Gemüse ... 105,5
Hühnersuppe mit Eigelb und Petersilie ... 117,8
Hüttenkäse mit gedünstetem Obst ... 214,5
Karotten mit Kartoffelschnee ... 316,1
Karotten- Reisschleimsuppe ... 101,0
Kartoffelcreme mit Kräuter-Frischkäse ... 217,0
Kohlrabi Zweierlei ... 278,4
Mango-Bananen-Joghurt-Drink eiskalt ... 121,4
Nudelsuppe ... 236,8
Preiselbeer-Joghurt-Mix ... 57,1
Quarkknödel auf Erdbeermus ... 553,3
Reis mit Pastinake ... 206,5
Reis-Congee mit Karotten und Fenchel ... 131,6
Reis-Dulse-Suppe ... 190,9
Reispudding ... 316,2
Rinderbrühe mit Eigelb ... 173,5
Tee aus Anissamen ... 2,8
Tee aus Fenchel ... 0,0
Tee aus Käsepappel ... 0,0
Tee aus Malven ... 0,0

2.4 Nachmittag

Gewürzkuchen mit Datteln ... 807,7
Karotten mit Kartoffelschnee ... 316,1
Reispudding ... 316,2
Vanillepudding ... 254,7

2.5 Abend

Apfelmus mit Rosinen	73,6
Astronautenkost	1045,0
Baby Zartes Fenchel-Gemüse	70,2
Buddhistische Reissuppe	279,8
Cranberrisaft	43,5
Fenchel-Reissuppe	155,9
Gefrorener Ananassaft	29,5
Gefrorener Salbeitee	15,8
Gerstenschrotsuppe	265,4
Getreidekaffee mit Kardamom	3,6
Grießbrei mit Banane	307,3
Grießklößchensuppe	287,0
Grießsuppe mit Gemüse	105,5
Honigmilch	88,0
Mango-Bananen-Joghurt-Drink eiskalt	121,4
Nudelsuppe	236,8
Preiselbeer-Joghurt-Mix	57,1
Reis mit Pastinake	206,5
Tee aus Anissamen	2,8
Tee aus Fenchel	0,0
Tee aus Käsepappel	0,0
Tee aus Malven	0,0

3 Rezepte

empfehlenswert = Sie können mehr verwenden
wenig = wenn möglich weniger verwenden
weniger als angegeben = möglichst nicht verwenden

3.1 Apfelmus mit Rosinen

Stoppt Durchfall, fördert Verdauung, Appetit anregend, aktiviert den Kohlenhydratstoffwechsel.

Anzahl Portionen: 10
Kalorien p. Portion 74
Gramm p. Portion 115
Kochdauer ca. 25 Min.
Allergene: O
(Kohlehydrat:95,67% / Eiweiß & Fett:4,33%)
100g.≈ Eiweiß 0,32g. Fett:0,43g.

Zutaten:
Apfel (süß) 1 Kg / 1000g. (wenig)
Wasser 100 ml. / 100g. (ja)
Rosinen 50 g. / 50g. (wenig)

Kochanleitung:
Die Äpfel waschen, schälen, vierteln und dabei das Kerngehäuse entfernen. Mit dem Wasser in einen Topf geben und die mit heißem Wasser abgewaschenen Rosinen dazugeben. Bei schwacher Hitze etwa 10 Min. dünsten und abkühlen lassen. Für Kinder bis zu 10 Monaten das Mus im Mixer fein pürieren. Für die Größeren mit dem Kartoffelstampfer zerdrücken. In Tiefkühlbeutel oder leere Joghurtbecher füllen und verschließen. Im Tiefkühlfach einfrieren und bei Bedarf bei Zimmertemperatur etwa 6 Std. auftauen lassen (ca. 4 Monate haltbar). Das Obstmus ist als Nachtisch oder Zwischenmahlzeit gedacht. Es wirkt verdauungsfördernd. Bei Durchfall lieber Bananenmus geben.

3.2 Astronautenkost

Eiweißreiche Trinknahrung mit sehr hoher Energiedichte. Optimierter Eiweißanteil gleicht Stickstoffverluste aus und fördert die Proteinanabolie.

Anzahl Portionen: 1
Kalorien p. Portion 1.045
Gramm p. Portion 250
Kochdauer ca. 5 Min.
(Kohlehydrat:39,13% / Eiweiß & Fett:60,87%)
100g.≈ Eiweiß 115g. Fett:25g.
µg. - Ph:900 Na:290 Ka:1070 Mg:0 Ca:0 Fe:0 Zn:0 Col.:0 Hsr.:0

Zutaten:
Astronautenkost 1 Paket / 250g. (ja)

Kochanleitung:
Nur nach Anweisung des Arztes oder Therapeuten verwenden.

3.3 Aufgeschlagene Banane

2 x tgl. essen, reguliert Magen-Darm-Funktion, wirkt stopfend.

Anzahl Portionen:	1
Kalorien p. Portion	144
Gramm p. Portion	150
Kochdauer ca.	7 Min.

(Kohlehydrat:94,54% / Eiweiß & Fett:5,46%)
100g.≈ Eiweiß 1,65g. Fett:0,3g.
µg. - Ph:28 Na:1 Ka:393 Mg:36 Ca:9 Fe:0,6 Zn:0,2 Col.:0 Hsr.:25

Zutaten:
Banane 1 Stück / 150g. (empfehlenswert)

Kochanleitung:
Banane mit der Gabel zerdrücken oder mit einem Mixstab pürieren. Mindestens 5 Min. braun werden lassen.

3.4 Baby Bananenbrei

Reguliert Magen-Darm-Funktion, schont die Verdauungsorgane, entgiftet, gut bei Appetitlosigkeit, Blähungen, Darmentzündungen.

Anzahl Portionen:	1
Kalorien p. Portion	236
Gramm p. Portion	255
Kochdauer ca.	10 Min.
Allergene:	AG

(Kohlehydrat:73,65% / Eiweiß & Fett:26,35%)
100g.≈ Eiweiß 3,45g. Fett:8,92g.
µg. - Ph:36,12 Na:1,63 Ka:183,45 Mg:24,69 Ca:9,47 Fe:0,25 Zn:0,14 Col.:9,41 Hsr.:23,92

Zutaten:
Wasser 125 ml. / 125g. (ja)
Weizen Flocken 20 g. / 20g. (ja)
Banane 100 g. / 100g. (empfehlenswert)
Butter Bio 1 EL / 10g. (ja)

Kochanleitung:
Das Wasser mit den Flocken in einem kleinen Topf verrühren. Bei schwacher Hitze zum Kochen bringen, 1-2 Min. kochen lassen und

dann von der Kochstelle nehmen. Die Banane in den Topf schneiden, die Butter zugeben und mit einem Mixstab pürieren. Den Bananenbrei in einen Teller füllen und das Baby mit dem Löffel füttern. (Der Nachmittagsbrei wird grundsätzlich nur mit Wasser gekocht. Daher ist es umso wichtiger, die Fettzugabe nicht zu vergessen, denn sonst hat Ihr Baby lange vor der nächsten Mahlzeit schon wieder Hunger.) Sie können statt Butter auch Maiskeimöl nehmen. Besonders dann, wenn der Brei nicht mehr so heiß ist, verteilt sich das Öl leichter und angenehmer. Wenn Sie statt Weizenflocken Buchweizen-, Hirse-, Mais- oder Reisflocken verwenden, ist der Brei glutenfrei.

3.5 Baby Frischer Vollkornbrei

Reguliert Magen-Darm-Funktion, entzündungshemmend, lindert Schmerzen, entgiftet, bakterizid.

Anzahl Portionen:	1
Kalorien p. Portion	337
Gramm p. Portion	348
Kochdauer ca.	15 Min.
Allergene:	AG

(Kohlehydrat:75,5% / Eiweiß & Fett:24,5%)
100g.≈ Eiweiß 10,73g. Fett:7,49g.
µg. - Ph:94,72 Na:68,65 Ka:251,94 Mg:28,7 Ca:76,06 Fe:0,59 Zn:0,33 Col.:3,45 Hsr.:14,37

Zutaten:
Dinkel Vollkornmehl 25 g. / 25g. (wenig)
Kuhmilch (Vollmilch 3,5 % Fett) 200 ml. / 200g. (wenig)
Honig 1 TL / 3g. (wenig)
Banane 1 Stück / 120g. (empfehlenswert)

Kochanleitung:
Die Getreidekörner in einer Getreidemühle mehlfein mahlen. Sie können eventuell auch eine Kaffeemühle benutzen, sollten dann aber zweimal mahlen. Das Mehl mit der Milch in einem Topf anrühren und bei mittlerer Hitze zum Kochen bringen. Den Brei bei schwacher Hitze 4-5 Min. unter Rühren leicht kochen lassen. Dann den Honig zufügen. Die Banane mit einer Gabel ganz fein zerdrücken und ebenfalls unter den Brei ziehen. Fürs Fläschchen sollten Sie vorher die Banane mit dem Pürierstab fein pürieren. Den Brei in einen Kinderteller füllen und etwas abkühlen lassen. (Für Babys handwarm abkühlen lassen und in ein Fläschchen füllen).

3.6 Baby Zartes Fenchel-Gemüse

Lindert Verstopfung, regt Nerven an, lindert Entzündungen, verbessert Durchblutung, regeneriert Haut, fördert Verdauung, harntreibend.

Anzahl Portionen:	2
Kalorien p. Portion	70
Gramm p. Portion	90
Kochdauer ca.	25 Min.
Allergene:	G

(Kohlehydrat:45,79% / Eiweiß & Fett:54,21%)
100g.≈ Eiweiß 1,74g. Fett:4,28g.
µg. - Ph:21,28 Na:24,36 Ka:185,03 Mg:16,39 Ca:31,75 Fe:0,81 Zn:0,07 Col.:3,33 Hsr.:7,08

Zutaten:
Kartoffel 1 Stück / 50g. (empfehlenswert)
Fenchel 100 g. / 100g. (empfehlenswert)
Wasser 2 EL / 20g. (ja)
Butter Bio 1 EL / 10g. (ja)

Kochanleitung:
Die Kartoffel waschen und mit einem Sparschäler schälen. In etwa 2 cm große Würfel schneiden. Den Fenchel waschen, fleckige, dunkle Stellen entfernen und die Knolle kleinschneiden. Beides mit 2 EL Wasser in einem kleinen Topf zum Kochen bringen. Bei schwacher Hitze in etwa 15 Min. garen. Das Gemüse mit dem Pürierstab fein pürieren und dabei die Butter unterrühren. Fenchel beruhigt den Magen und beugen Blähungen vor. Außerdem enthält Fenchel besonders viel Vitamin C und Folsäure. Eine ideale Mahlzeit für kranke Kinder.

3.7 Bananen-Sojamilch

Gut bei Appetitlosigkeit, Mundschleimhautentzündung. Stärkt Körperenergie, fördert Verdauung, lindert Schmerzen, entgiftet, bakterizid.

Anzahl Portionen:	2
Kalorien p. Portion	126
Gramm p. Portion	263
Kochdauer ca.	5 Min.
Allergene:	E

(Kohlehydrat:59,53% / Eiweiß & Fett:40,47%)
100g.≈ Eiweiß 7,49g. Fett:4,14g.
µg. - Ph:21,94 Na:251,11 Ka:110,08 Mg:13,31 Ca:9,78 Fe:0,4 Zn:0,11 Col.:0 Hsr.:33,68

Zutaten:
Banane 1 Stück / 120g. (empfehlenswert)
Sojabohnenmilch 400 ml. / 400g. (wenig)
Honig 1 TL / 3g. (wenig)
Zimtpulver 1 Prise / 1g. (ja)
Acerola Fruchtnektar oder Pulver 1 TL / 2g. (wenig)

Kochanleitung:
Banane in Stücke schneiden, mit Sojamilch, Acerola, Honig und Zimt mit dem Mixstab pürieren.

3.8 Buddhistische Reissuppe

Leicht abführend. Hilft bei: Durchblutungsstörungen, Thrombose, Emboliegefahr, Bluthochdruck, Kopfschmerzen, Herzinfarkt und Schlaganfall.

Anzahl Portionen:	2
Kalorien p. Portion	280
Gramm p. Portion	301,5
Kochdauer ca.	2-4 Stunden
Allergene:	G

(Kohlehydrat:79,85% / Eiweiß & Fett:20,15%)
100g.≈ Eiweiß 6,52g. Fett:5,84g.
µg. - Ph:21,61 Na:5,92 Ka:25,42 Mg:7,89 Ca:14,11 Fe:0,08 Zn:0,06 Col.:1,29 Hsr.:12,94

Zutaten:
Reis Sorte beliebig 1 Tasse / 120g. (ja)
Wasser 3 Tassen / 350g. (ja)
Butter Bio 1 EL / 10g. (ja)
Honig 1 TL / 3g. (wenig)
Kuhmilch (1,5 % Fett) 1 Tasse / 120g. (ja)

Kochanleitung:
Den Reis im Wasser kurz aufkochen und dann auf kleinster Stufe zugedeckt 2-4 Std. köcheln lassen. Am Ende der Kochzeit kann nach Belieben etwas Milch, Honig und Butter untergemengt werden. Dieses Grundrezept lässt sich geschmacklich (süß, salzig) beliebig erweitern. Die angegebene Menge reicht ca. für 4 Tage (im Kühlschrank aufbewahren). Variante: Mit Zimt oder Vanille lässt sich der Geschmack verfeinern.

3.9 Cranberrisaft

Antibakteriell, harntreibend. Gut bei Appetitlosigkeit, Arteriosklerose, Blasenentzündung, Durchfall, Fieber, Gicht, Magengeschwür, Mundschleimhautentzündung, Rheuma. Gegen freie Radikale, gegen Erkältung. Beugt Vitamin-C-Mangel vor.

Anzahl Portionen: 1
Kalorien p. Portion 43
Gramm p. Portion 160
Kochdauer ca. 5 Min.
(Kohlehydrat:98,46% / Eiweiß & Fett:1,54%)
100g.≈ Eiweiß 0,14g. Fett:0,02g.
µg. - Ph:2,06 Na:1,53 Ka:11,69 Mg:1,16 Ca:4,22 Fe:0,09 Zn:0,1 Col.:0 Hsr.:3,12

Zutaten:
Cranberries 2 EL / 25g. (wenig)
Wasser 1 Tasse / 125g. (ja)
Honig 1 EL / 10g. (wenig)

Kochanleitung:
Cranberries und etwas Wasser mit dem Pürierstab zu einem Brei mixen. Mit dem restlichen Wasser aufgießen und mit Honig süßen.

3.10 Fenchel-Reissuppe

Stärkt Magen, lindert Verstopfung, regt Nerven an, entgiftet, lindert Entzündungen, verbessert Durchblutung.

Anzahl Portionen: 2
Kalorien p. Portion 156
Gramm p. Portion 234
Kochdauer ca. 15-20 Min.
Allergene: EG
(Kohlehydrat:88,32% / Eiweiß & Fett:11,68%)
100g.≈ Eiweiß 3,57g. Fett:6,65g.
µg. - Ph:14,68 Na:32,47 Ka:82,14 Mg:105,79 Ca:110,69 Fe:0,54 Zn:0,06 Col.:1,92 Hsr.:4,9

Zutaten:
Grundrezept für eine Reissuppe 300 ml. / 300g. (empfehlenswert)
Fenchel 1/2 Stück / 150g. (empfehlenswert)
Butter Bio 1 EL / 15g. (ja)
Sojasauce 1 Schuss / 3g. (wenig)

Kochanleitung:
Fenchel in der Reissuppe (nach Grundrezept) weich kochen. Vor dem Servieren ein Stück Butter und etwas Sojasoße zugeben.

3.11 Gefrorener Ananassaft

Lindert Entzündungen, harntreibend, reinigt die Haut.
Anzahl Portionen: 1
Kalorien p. Portion 29
Gramm p. Portion 50
Kochdauer ca. 1 1/2 Stunden
(Kohlehydrat:95,07% / Eiweiß & Fett:4,93%)
100g.≈ Eiweiß 0,25g. Fett:0,1g.
µg. - Ph:9 Na:2 Ka:173 Mg:17 Ca:16 Fe:0,4 Zn:0,3 Col.:0 Hsr.:7

Zutaten:
Ananas 50 g. / 50g. (wenig)

Kochanleitung:
Ananas selbst entsaften oder Bio-Ananassaft in kleinen Portionen einfrieren und bei Bedarf lutschen.

3.12 Gefrorener Salbeitee

Salbei trocknet aus, gegen Hefepilzinfektionen.
Anzahl Portionen: 2
Kalorien p. Portion 16
Gramm p. Portion 255
Kochdauer ca. 1 1/2 Stunden
(Kohlehydrat:72,18% / Eiweiß & Fett:27,82%)
100g.≈ Eiweiß 0,53g. Fett:0,64g.
µg. - Ph:0 Na:0,49 Ka:0 Mg:0,49 Ca:2,45 Fe:0 Zn:0,02 Col.:0 Hsr.:0

Zutaten:
Salbei 1 EL / 10g. (ja)
Wasser 1/2 Liter / 500g. (ja)

Kochanleitung:
Salbei mit kochendem Wasser überbrühen und 10 Min. ziehen lassen. 30 Min. auskühlen lassen und in kleinen Portionen einfrieren. Nach Bedarf lutschen.

3.13 Gerstenschrotsuppe

Harntreibend, stärkt Magen, befeuchtet Darm, regt Leberfunktion an, antioxidativ, fördert Verdauung, entgiftet, reduziert Blutfett, regt an, löst Stagnation.

Anzahl Portionen: 2
Kalorien p. Portion 265
Gramm p. Portion 201
Kochdauer ca. 25 Min.
Allergene: A
(Kohlehydrat:75,62% / Eiweiß & Fett:24,38%)
100g.≈ Eiweiß 8,17g. Fett:6,42g.
µg. - Ph:56,06 Na:4,73 Ka:103,77 Mg:19,04 Ca:16,65 Fe:0,63 Zn:0,22 Col.:0,01 Hsr.:17,61

Zutaten:

Gerste 1 Tasse / 120g. (ja)
Salz 1 Prise / 1g. (wenig)
Ingwer frisch 1/2 TL / 1g. (weniger als angegeben)
Olivenöl 1 EL / 10g. (wenig)
Petersilie 3 EL / 30g. (empfehlenswert)
Wasser 2 Tassen / 240g. (ja)

Kochanleitung:

Gerste in der Pfanne trocken rösten, anschließend zu Schrot mahlen und mit Wasser, etwas Salz und Ingwer zu einem Brei kochen. Vor dem Servieren Öl und Petersilie unterheben. Variante: Man kann dem Gericht einen noch besseren Geschmack verleihen, indem man es mit vorbereiteter Gemüse- oder Fleischbrühe kocht.

3.14 Getreidekaffee mit Kardamom

Harntreibend, stärkt Magen, befeuchtet Darm, befeuchtet die Haut, entspannt, vermindert Fettgewebe.

Anzahl Portionen: 1
Kalorien p. Portion 4
Gramm p. Portion 136
Kochdauer ca. 5 Min.
(Kohlehydrat:98,58% / Eiweiß & Fett:1,42%)
100g.≈ Eiweiß 0,12g. Fett:0,08g.
µg. - Ph:1,29 Na:1,02 Ka:7,9 Mg:2,49 Ca:5,37 Fe:0,08 Zn:0,09 Col.:0 Hsr.:0

Zutaten:

Getreidekaffee 1 EL / 15g. (ja)
Kardamom 2 Kerne / 1g. (ja)
Wasser 1 Tasse / 120g. (ja)

Kochanleitung:
Wasser, Kaffee, Zucker und Kardamom aufkochen und setzen lassen.

3.15 Gewürzkuchen mit Datteln

Beruhigt Nerven und Magen, fördert Durchblutung. Gut bei Appetitlosigkeit, Blähungen, Darmentzündung, Fettsucht, Gicht, Magengeschwür, Magenkrampf, Rheuma, Sodbrennen.

Anzahl Portionen:	4
Kalorien p. Portion	808
Gramm p. Portion	232,5
Kochdauer ca.	1 1/2 Stunden
Allergene:	ACGO

(Kohlehydrat:71% / Eiweiß & Fett:29%)
100g.≈ Eiweiß 14,11g. Fett:32,91g.
µg. - Ph:38,49 Na:13,51 Ka:54,99 Mg:9,73 Ca:10,38 Fe:0,48 Zn:0,07 Col.:4,87 Hsr.:12,86

Zutaten:
Sonnenblumenöl 100 ml. / 100g. (wenig)
Zucker (weiß, aus Rüben) 200 g / 200g. (wenig)
Kuhmilch (Vollmilch 3,5 % Fett) 100 ml. / 100g. (wenig)
Weizen Mehl 250 g. / 250g. (ja)
Kakao 40 g. / 40g. (wenig)
Datteln getrocknet 50 g. / 50g. (wenig)
Huhn Ei 3 Stück / 180g. (wenig)
Nelke 1/2 TL / 1g. (ja)
Zimtpulver 1 1/2 tl / 3g. (ja)
Muskatnuss 1 Prise / 0,5g. (ja)
Backpulver 1/2 Packung / 1,5g. (ja)
Butter Bio 1 TL / 2g. (ja)
Weizen Mehl 1 TL / 2g. (ja)

Kochanleitung:
Die Eier trennen, Eiweiß steif schlagen und beiseite stellen. Öl, Zucker und Eigelb in eine Schüssel geben und schaumig rühren. Mehl, Kakao und Backpulver zufügen, durchrühren und die Milch nach und nach unterrühren. Nun die kleingehackten Datteln und die Gewürze (die Nelken gemahlen) zur Masse geben und auf kleinster Stufe mit dem Handrührgerät einrühren. Jetzt das steif geschlagene Eiweiß löffelweise vorsichtig mit einem Löffel unterheben und den Teig in eine gefettete, bemehlte Form füllen und 70 Min. bei 200 Grad backen.

3.16 Grießbrei mit Banane

Reguliert Magen-Darm-Funktion, befeuchtet Darm, entzündungshemmend, antiallergisch, kreislaufstabilisierend, kühlt innere Hitze, gut bei Durchblutungsstörungen.

Anzahl Portionen: 1
Kalorien p. Portion 307
Gramm p. Portion 284
Kochdauer ca. 15 Min.
Allergene: AG
(Kohlehydrat:66,17% / Eiweiß & Fett:33,83%)
100g.≈ Eiweiß 10,58g. Fett:10,73g.
µg. - Ph:116,7 Na:93,56 Ka:218,89 Mg:28,56 Ca:92,08 Fe:0,64 Zn:0,36 Col.:7,61 Hsr.:12,85

Zutaten:
Kuhmilch (Vollmilch 3,5 % Fett) 200 ml / 200g. (wenig)
Dinkel Gries 3 EL / 30g. (ja)
Butter Bio 1 TL / 4g. (ja)
Banane 1/2 Stück / 50g. (empfehlenswert)

Kochanleitung:
Die Hälfte der Milch in einem kleinen Topf erhitzen, Grieß zufügen und aufkochen. Bei schwacher Hitze unter ständigem Rühren 3 Min. ausquellen lassen. Den Topf vom Herd nehmen, nach und nach die übrige Milch mit dem Schneebesen unterschlagen und den Brei in ein Schälchen geben. Die Butter und die zermuste Banane zufügen. Für Erwachsene kann eine Prise Zimt darübergestreut werden.

3.17 Grießklößchen mit Mascarpone und Erdbeersoße

Lindert Schmerzen und Entzündungen, leicht abführend, schont die Verdauungsorgane, entgiftet, wirkt bei Appetitlosigkeit, Blähungen, Darmentzündung, Fettsucht, Gicht, Magengeschwür, Magenkrämpfen, Rheuma, Sodbrennen und Zwölffingerdarmgeschwüren.

Anzahl Portionen: 3
Kalorien p. Portion 331
Gramm p. Portion 355
Kochdauer ca. 25 Min.
Allergene: AG
(Kohlehydrat:62% / Eiweiß & Fett:38%)
100g.≈ Eiweiß 9,72g. Fett:14,94g.
µg. - Ph:7,34 Na:2,6 Ka:15,7 Mg:1,52 Ca:7,48 Fe:0,08 Zn:0,03 Col.:0,51 Hsr.:2,62

Zutaten:
Kuhmilch (1,5 % Fett) 400 ml / 400g. (ja)
Weizen Gries 70g / 70g. (ja)
Zimtpulver 1 Prise / 0,5g. (ja)
Zitrone Schale 1 Prise / 1g. (weniger als angegeben)
Honig 1 TL / 3g. (wenig)
Vanilleschote 1 Prise / 0,5g. (ja)
Mascarpone 80 g. / 80g. ()
Erdbeere 500 g. / 500g. (ja)
Honig 1 EL / 10g. (wenig)

Kochanleitung:
Die Milch in einem kleinen Topf unter Rühren zum Kochen bringen. Grieß, Zimt und Zitronenschale einrühren und unter Rühren in 6 Min. einen dicken, festen Brei kochen. Grießbrei, Honig, Vanille und Mascarpone mit dem Handmixer zu einer glatten Masse verrühren. Die Masse im Kühlschrank erkalten lassen. Für die Soße Erdbeeren mit Honig mixen. Ein paar Löffel Fruchtsoße auf einem großen Teller verteilen. Mit 2 Esslöffeln Klößchen aus der Grießmasse abstechen (um das Ankleben zu verhindern, immer wieder in kaltem Wasser abspülen). Die Klößchen auf den Fruchtspiegel setzen. Besonders schön sieht es aus, wenn das Dessert noch mit ein paar Beeren und Kräuterblättchen (z.B. Zitronenmelisse) garniert wird.

3.18 Grießklößchensuppe

Senkt Blutdruck, bakterizid, stärkt Immunsystem, beugt Krebs vor, reduziert Strahlenverletzungen, löst Stagnation, fördert Gewichtsabnahme. Gut bei Abwehrschwäche, Appetitlosigkeit, Blähungen, Bluthochdruck, Depressionen, Diabetes, Durchfall.

Anzahl Portionen:	3
Kalorien p. Portion	287
Gramm p. Portion	235,67
Kochdauer ca.	60 Min.
Allergene:	ACGLO

(Kohlehydrat:74% / Eiweiß & Fett:26%)
100g.≈ Eiweiß 12,68g. Fett:16,24g.
µg. - Ph:7,29 Na:3,79 Ka:6,29 Mg:7,72 Ca:17,64 Fe:0,11 Zn:0,11 Col.:5,65 Hsr.:2,66

Zutaten:
Butter Bio 40 g. / 40g. (ja)
Huhn Ei 1 Stück / 65g. (wenig)
Salz 1 Prise / 1g. (wenig)
Pfeffer gemahlen 1 Prise / 0,5g. ()
Muskatnuss 1 Prise / 1g. (ja)

Weizen Gries 80 g. / 80g. (ja)
Grundrezept für eine Rinderbrühe 1/2 Liter / 500g. (empfehlenswert)
Petersilie 1 EL / 10g. (empfehlenswert)
Lauchzwiebel Schnittlauch 1 EL / 10g. (weniger als angegeben)

Kochanleitung:
Die Zutaten für die Grießklößchen zu einem festen Teig kneten und 30 Min. quellen lassen. Die Brühe erhitzen. Dann mit einem Löffel Klößchen ausstechen, in die Brühe geben und ca. 20 Min. ziehen lassen. Vor dem Servieren gehackte Petersilie und in feine Röllchen geschnittenen Schnittlauch einstreuen.

3.19 Grießsuppe mit Gemüse

Senkt Blutdruck, stärkt Immunsystem, beugt Krebs vor, stärkt Magen, löst Stagnation, fördert Gewichtsabnahme. Gut bei Abwehrschwäche, Appetitlosigkeit, Blähungen, Bluthochdruck, Depressionen, Diabetes, Durchfall, Rheuma, Sodbrennen, Zwölffingerdarmgeschwür.

Anzahl Portionen:	3
Kalorien p. Portion	106
Gramm p. Portion	237,7
Kochdauer ca.	20 Min.
Allergene:	AGL

(Kohlehydrat:85,32% / Eiweiß & Fett:14,68%)
100g.≈ Eiweiß 2,38g. Fett:4,25g.
µg. - Ph:8,65 Na:9,11 Ka:25,61 Mg:28,49 Ca:112,45 Fe:0,33 Zn:0,03 Col.:0 Hsr.:5,1

Zutaten:
Grundrezept für eine Gemüsebrühe 1/2 Liter / 500g. (empfehlenswert)
Weizen Gries 2 EL / 20g. (ja)
Liebstöckel 1/2 TL / 2g. (empfehlenswert)
Basilikum (frisch) 1/2 TL / 1g. (ja)
Muskatnuss 1 Prise / 0,1g. (ja)
Karotte (Mohrrübe, Möhre) 100 g. / 100g. (empfehlenswert)
Sellerie Knolle 50 g. / 50g. (empfehlenswert)
Sahne, süß 30% 3 EL / 30g. (weniger als angegeben)
Petersilie 1 EL / 10g. (empfehlenswert)

Kochanleitung:
Grieß ohne Fett in einer Pfanne anrösten. Kleingeschnittene Karotten und Sellerie kurz mitrösten. Mit der Gemüsesuppe aufgießen, mit Liebstöckel und Muskatnuss würzen und 10 Min. köcheln lassen. Vor dem Servieren die Sahne einrühren und mit Petersilie garnieren.

3.20 Grundrezept für eine Hühnerbrühe

Stärkt Blut, baut Milz und Magen auf, stärkt Knochenmark, senkt Blutdruck, bakterizid, stärkt Immunsystem, beugt Krebs vor, reduziert Strahlenverletzungen, fördert Schwitzen, löst Stagnation. Gut bei Appetitlosigkeit und Blähungen.

Anzahl Portionen:	9
Kalorien p. Portion	90
Gramm p. Portion	244,89
Kochdauer ca.	2-3 Stunden
Allergene:	L

(Kohlehydrat:10,44% / Eiweiß & Fett:89,56%)
100g.≈ Eiweiß 15,69g. Fett:11,57g.
µg. - Ph:7,72 Na:5,27 Ka:16,86 Mg:1,2 Ca:3,41 Fe:0,1 Zn:0 Col.:0,25 Hsr.:8,27

Zutaten:

Huhn Fleisch 1/2 Stück / 600g. (wenig)
Karotte (Mohrrübe, Möhre) 2 Stück / 150g. (empfehlenswert)
Lauch (Porree) 1 Stange / 45g. (weniger als angegeben)
Sellerie Knolle 1 Stück / 500g. (empfehlenswert)
Ingwer frisch 2 Scheiben / 2g. (weniger als angegeben)
Bockshornklee 1 TL / 2g. (ja)
Wacholderbeere 1 TL / 3g. (ja)
Lorbeerblatt 3 Stück / 2g. (ja)
Wasser 1 Liter / 900g. (ja)

Kochanleitung:

Hühnerteile von Fett befreien, in einen Topf mit heißem Wasser geben, kurz aufkochen lassen und entstehenden Schaum abschöpfen. Grob geschnittenes Gemüse und alle Gewürze zugeben und 2-3 Std. bei mittlerer Hitze kochen, dann alles abseihen. Tipp: Wenn Sie das Fleisch als Suppeneinlage verwenden möchten, bereits nach 45 Min. herausnehmen und nur die Knochen in der Suppe lassen.

3.21 Grundrezept für eine nahrhafte Gemüsebrühe

Senkt Blutdruck und Blutfett, bakterizid, stärkt Immunsystem, beugt Krebs vor, stärkt Magen, löst Stagnation, fördert Gewichtsabnahme, hilft bei Appetitlosigkeit, Depressionen, Diabetes, Durchfall.

Anzahl Portionen:	5
Kalorien p. Portion	48
Gramm p. Portion	240,6
Kochdauer ca.	2-3 Stunden
Allergene:	L

(Kohlehydrat:71,3% / Eiweiß & Fett:28,7%)
100g.≈ Eiweiß 1,57g. Fett:1,31g.
µg. - Ph:4,86 Na:3,67 Ka:25,68 Mg:1,8 Ca:6,32 Fe:0,1 Zn:0,01 Col.:0 Hsr.:2,78

Zutaten:
Olivenöl 1 EL / 4g. (wenig)
Zwiebel weiss 1 Stück / 60g. (weniger als angegeben)
Karotte (Mohrrübe, Möhre) 3 Stück / 200g. (empfehlenswert)
Pastinake 150 g. / 150g. (ja)
Sellerie Knolle 1 Tasse / 100g. (empfehlenswert)
Ingwer frisch 1/2 TL / 2g. (weniger als angegeben)
Zitrone 1/2 Stück / 25g. (weniger als angegeben)
Wacholderbeere 6 Stück / 6g. (ja)
Thymian getrocknet 1 Prise / 1g. (ja)
Liebstöckel 1 EL / 3g. (empfehlenswert)
Lorbeerblatt 2 Blätter / 1g. (ja)
Salz 1 Prise / 1g. (wenig)
Wasser 3/4 Liter / 650g. (ja)

Kochanleitung:
Gemüse würfelig schneiden. Öl in einem Topf erhitzen, die Zwiebel und das Gemüse darin anbraten, Ingwer und Lorbeer zugeben. Mit kaltem Wasser aufgießen, Zitronensaft zufügen und mit Wacholder, Thymian und Liebstöckel würzen. 2-3 Std. auf kleiner Stufe zugedeckt köcheln lassen. Brühe durch ein Sieb streichen und im Kühlschrank aufbewahren. Sie dient als Suppengrundlage und verfeinert Gemüse, Hülsenfrüchte oder Getreide.

3.22 Grundrezept für eine Reissuppe

Niedriger Fettgehalt, zur Entwässerung des Körpers bei Übergewicht und Bluthochdruck.

Anzahl Portionen:	3
Kalorien p. Portion	140
Gramm p. Portion	273,33
Kochdauer ca.	2-4 Stunden

(Kohlehydrat:89,71% / Eiweiß & Fett:10,29%)
100g.≈ Eiweiß 2,96g. Fett:0,48g.
µg. - Ph:5,85 Na:0,58 Ka:5,02 Mg:3,41 Ca:1,72 Fe:0,03 Zn:0,02 Col.:0 Hsr.:6,34

Zutaten:
Reis Sorte beliebig 1 Tasse / 120g. (ja)
Wasser 6 Tassen / 700g. (ja)

Kochanleitung:
Man kocht Reis und Wasser in einem Verhältnis von etwa 1:6. Die Menge des Wassers bestimmt die Dicke des Breis (reine Geschmackssache). Der Reis quillt unwahrscheinlich auf, nehmen Sie

also nicht viel. Geben Sie den Reis in einen Topf mit einem schweren Deckel. Wichtig ist, den Reis nach kurzem Aufkochen nur auf kleinster Stufe köcheln zu lassen, da er sonst anbrennt. Kochen Sie den Reis 2-4 Stunden. Je länger er kocht, desto stärkender wirkt er. Wenn Sie das Gericht zum Frühstück essen möchten, können Sie den Reis auch kurz vor dem Zubettgehen aufsetzen. Sicherheitshalber sollten Sie vorher einmal unter Beobachtung für eine ähnlich lange Zeit das Verhalten Ihres Topfes und Herdes prüfen, damit nichts anbrennt.

3.23 Grundrezept für eine Rinderbrühe

Stärkt Muskeln, Sehnen und Knochen, senkt Blutdruck, bakterizid, stärkt Immunsystem, beugt Krebs vor, reduziert Strahlenverletzungen, regt Verdauung an, reduziert Schmerzen, fördert Verdauung. Harntreibend, stillt Blutung. Rosmarin fördert Verdauung.

Anzahl Portionen:	10
Kalorien p. Portion	114
Gramm p. Portion	276
Kochdauer ca.	4-8 Stunden
Allergene:	O

(Kohlehydrat:22,24% / Eiweiß & Fett:77,76%)
100g.≈ Eiweiß 12,22g. Fett:4,1g.
µg. - Ph:5,14 Na:3,08 Ka:13,39 Mg:1,06 Ca:2,52 Fe:0,09 Zn:0,01 Col.:0,14 Hsr.:3,57

Zutaten:
Rind Suppenfleisch 500 g. / 500g. (wenig)
Rind Fleischknochen 200 g. / 200g. (wenig)
Essig (Rotweinessig) 1 Schuss / 3g. (wenig)
Wacholderbeere 8 Stück / 6g. (ja)
Rosmarin 1 Prise / 1g. (ja)
Karotte (Mohrrübe, Möhre) 3 Stück / 210g. (empfehlenswert)
Pastinake 2 Stück / 300g. (ja)
Lauch (Porree) 1 Stück / 200g. (weniger als angegeben)
Ingwer frisch 1/2 TL / 5g. (weniger als angegeben)
Liebstöckel 1 Stiel / 15g. (empfehlenswert)
Nelke 2 Stück / 2g. (ja)
Piment 6 Stück / 12g. (ja)
Anis (gemeiner Fenchel) 2 Stück / 1g. (empfehlenswert)
Salz 1 TL / 5g. (wenig)
Wasser 1 1/2 Liter / 1300g. (ja)

Kochanleitung:
Rotweinessig, Wacholderbeeren, Rosmarin, Knochen und Fleisch in Wasser zum Kochen bringen. Karotten, Pastinaken, Lauch, Ingwer, Liebstöckelgrün, Nelken, Piment, Sternanis und etwas Salz zufügen und alles 4-8 Std. köcheln und dann abseihen. Brühe im Kühlschrank aufbewahren.

3.24 Honigmilch

Beruhigend, gut bei Schlafstörungen, leicht abführend, lindert Schmerzen, entgiftet, bakterizid.

Anzahl Portionen:	1
Kalorien p. Portion	88
Gramm p. Portion	124
Kochdauer ca.	5 Min.
Allergene:	G

(Kohlehydrat:52% / Eiweiß & Fett:48%)
100g.≈ Eiweiß 3,85g. Fett:4,2g.
µg. - Ph:92,52 Na:48,61 Ka:146,68 Mg:11,81 Ca:116,29 Fe:0,14 Zn:0,4 Col.:5,81 Hsr.:0

Zutaten:
Kuhmilch (Vollmilch 3,5 % Fett) 1 Tasse / 120g. (wenig)
Honig 1 TL / 4g. (wenig)

Kochanleitung:
Milch leicht erwärmen und den Honig zufügen. In kleinen Schlucken trinken.

3.25 Hühnersuppe mit Eigelb und Petersilie

Stärkt Blut, Knochenmark, Immunsystem und Sehkraft, baut Milz und Magen auf, senkt Blutdruck, bakterizid, harmonisiert Leber und Milz, entgiftet. Petersilie regt Leberfunktion an.

Anzahl Portionen:	2
Kalorien p. Portion	118
Gramm p. Portion	260
Kochdauer ca.	10 Min.
Allergene:	CL

(Kohlehydrat:82,37% / Eiweiß & Fett:17,63%)
100g.≈ Eiweiß 16,35g. Fett:2,49g.
µg. - Ph:13,95 Na:17,66 Ka:18 Mg:49,59 Ca:138,8 Fe:0,55 Zn:0,05 Col.:6,53 Hsr.:4,43

Zutaten:
Grundrezept für eine Hühnerbrühe 1/2 Liter / 500g. (empfehlenswert)
Huhn Eigelb 1 Stück / 10g. (wenig)
Petersilie 1 EL / 10g. (empfehlenswert)

Kochanleitung:
Brühe erhitzen und das Eigelb darin verquirlen. Die gehackte Petersilie drüberstreuen und ca. 2 Min. ziehen lassen und dann in kleinen Schlucken trinken.

3.26 Hüttenkäse mit gedünstetem Obst

Gut bei Appetitlosigkeit, Schluckstörungen, schwacher Verdauung, harntreibend.

Anzahl Portionen: 2
Kalorien p. Portion 215
Gramm p. Portion 250
Kochdauer ca. 20 Min.
Allergene: G
(Kohlehydrat:40,48% / Eiweiß & Fett:59,52%)
100g.≈ Eiweiß 18,45g. Fett:6,4g.
µg. - Ph:44,6 Na:114,5 Ka:50,9 Mg:3,7 Ca:25,6 Fe:0,11 Zn:0,09 Col.:0,64 Hsr.:3

Zutaten:
Hüttenkäse 300 g. / 300g. (empfehlenswert)
Apfel (sauer) 1 Stück / 100g. (wenig)
Birne 1 Stück / 100g. (wenig)

Kochanleitung:
Äpfel und Birnen gut waschen, mit Schale klein schneiden und in einem Topf mit Dämpfsieb bissfest garen. Herausnehmen und auskühlen lassen. Hüttenkäse anrichten und Obst darauf verteilen.

3.27 Karotten mit Kartoffelschnee

Stärkt Blut, Nerven, Milz und Leber, senkt Blutdruck, bakterizid, stärkt Immunsystem, verbessert Verdauung, regeneriert Haut, harntreibend, senkt Cholesterinspiegel, fördert Stuhl und Urin.

Anzahl Portionen: 1
Kalorien p. Portion 316
Gramm p. Portion 322,2
Kochdauer ca. 30 Min.
Allergene: G
(Kohlehydrat:20,62% / Eiweiß & Fett:79,38%)
100g.≈ Eiweiß 11,66g. Fett:15,45g.
µg. - Ph:48,45 Na:21,59 Ka:208,07 Mg:18,24 Ca:23,84 Fe:1,22 Zn:0,5 Col.:15,52 Hsr.:26,23

Zutaten:
Karotte (Frühkarotte) 150 g. / 150g. (empfehlenswert)
Schwein Fleisch 40 g. / 40g. (wenig)
Kartoffel (mehlige) 100 g. / 100g. (empfehlenswert)
Butter Bio 1 EL / 10g. (ja)
Honig 1/2 TL / 2g. (wenig)
Anis (gemeiner Fenchel) 1 Prise / 0,2g. (empfehlenswert)
Wasser 2 EL / 20g. (ja)

Kochanleitung:
Die Karotten putzen, gründlich waschen, dünn schälen und in dünne Scheiben schneiden. Das Fleisch in Streifen schneiden. Die Kartoffeln waschen, in einem kleinen Topf mit wenig Wasser in etwa 15 Min. garen. Die Hälfte der Butter in einem Topf zerlassen, die Karotten und das Fleisch darin andünsten. Wenn nötig, noch 2-3 EL Wasser hinzufügen, den Deckel auflegen und alles bei schwacher Hitze in etwa 15 Min. garen. Den Honig, den Anis und die restliche Butter dazugeben und den Topf von der Kochstelle nehmen. Die Kartoffeln pellen und mit der Kartoffelpresse direkt auf den Teller drücken. Die Honigkarotten darüber verteilen.

3.28 Karotten- Reisschleimsuppe

Gegen Durchfall, bei Fieber, bakterizid, stärkt Immunsystem, senkt Blutdruck.

Anzahl Portionen: 1
Kalorien p. Portion 101
Gramm p. Portion 224
Kochdauer ca. 10 Min.
(Kohlehydrat:96% / Eiweiß & Fett:4%)
100g.≈ Eiweiß 2,37g. Fett:0,4g.
µg. - Ph:27,48 Na:20,34 Ka:65,63 Mg:170,89 Ca:178,57 Fe:1,03 Zn:0,34 Col.:0 Hsr.:12,3

Zutaten:
Grundrezept für eine Reissuppe 1 Tasse / 120g. (empfehlenswert)
Karotte (Mohrrübe, Möhre) 2 Stück / 100g. (empfehlenswert)
Salz 1 TL / 4g. (wenig)

Kochanleitung:
Karotten schälen und reiben. Die Reissuppe aufkochen und die geriebenen Karotten sowie Salz zufügen. 10 Min. kochen.

3.29 Kartoffelcreme mit Kräuter-Frischkäse

Gut bei Appetitlosigkeit, Schluckstörungen, Verstopfung, Blähungen und Übelkeit. Verbessert Verdauung, harntreibend, beugt Krebs vor, stärkt Magensaftproduktion, löst Stagnation, entkrampft und beruhigt.

Anzahl Portionen: 2
Kalorien p. Portion 217
Gramm p. Portion 218,5
Kochdauer ca. 25 Min.
Allergene: G
(Kohlehydrat:14% / Eiweiß & Fett:86%)
100g.≈ Eiweiß 8,76g. Fett:11,22g.
µg. - Ph:18,66 Na:18,04 Ka:73,64 Mg:4,87 Ca:13,9 Fe:0,13 Zn:0,09 Col.:4,84 Hsr.:2,24

Zutaten:
Kartoffel (mehlige) 250 g. / 250g. (empfehlenswert)
Frischkäse 80 g. / 80g. (wenig)
Joghurt (natur, 1,5 % Fett) 3 EL / 45g. (ja)
Lauchzwiebel Schnittlauch 1/2 Bund / 50g. (weniger als angegeben)
Basilikum (frisch) 1 TL / 4g. (ja)
Petersilie 1 TL / 4g. (empfehlenswert)
Dill 1/2 TL / 2g. (empfehlenswert)
Salz 1 Prise / 1g. (wenig)
Schwarzkümmel 1 Prise / 0,5g. (empfehlenswert)
Pfeffer gemahlen 1 Prise / 0,5g. ()

Kochanleitung:
Kartoffeln in der Schale weich kochen, abziehen und durch die Kartoffelpresse drücken. Frischkäse, Joghurt und Kräuter unter die Kartoffeln mischen und mit Salz, zerstoßenem Schwarzkümmel und Pfeffer abschmecken.

3.30 Kohlrabi Zweierlei

Harntreibend, harmonisiert Magen und Darm, leitet Darmwinde ab, verbessert Verdauung, regeneriert Haut, senkt Cholesterinspiegel.

Anzahl Portionen: 1
Kalorien p. Portion 278
Gramm p. Portion 285
Kochdauer ca. 25 Min.
Allergene: CG
(Kohlehydrat:47,44% / Eiweiß & Fett:52,56%)
100g.≈ Eiweiß 9,1g. Fett:16,55g.
µg. - Ph:95,3 Na:22,19 Ka:332,32 Mg:30,81 Ca:50,63 Fe:1,25 Zn:0,6 Col.:118,95 Hsr.:21,58

Zutaten:
Kohlrabi 1/2 Stück / 150g. (ja)
Kartoffel 100 g. / 100g. (empfehlenswert)
Butter Bio 1 EL / 10g. (ja)
Huhn Eigelb 1 Stück / 25g. (wenig)

Kochanleitung:
Die Blätter vom Kohlrabi entfernen, die Knolle und die zartesten Blätter sowie die Kartoffeln gründlich waschen. Kohlrabi und Kartoffeln schälen und in etwa 1 cm große Würfel schneiden. Die Hälfte der Butter in einem kleinen Topf zerlassen, den Kohlrabi und die Kartoffeln dazugeben und darin dünsten. Mit 2 EL Wasser im geschlossenen Topf bei schwacher Hitze etwa 15 Min. dünsten. Inzwischen die zartesten Kohlrabiblätter von den Stielen befreien und sehr fein hacken. Insgesamt sollten höchstens 2 EL Blattstückchen verwendet werden. Diese etwa 5 Min. vor Ende der Garzeit zum Gemüse geben und mitkochen. Das Eigelb unterrühren und nochmals kurz aufkochen lassen. Das Gemüse auf einen Teller füllen und mit der restlichen Butter und dem Eigelb vermischen. Für das Baby alles mit einer Gabel grob zerdrücken.

3.31 Mango-Bananen-Joghurt-Drink eiskalt

Harntreibend, stärkt Magen, beugt Krebs vor, reguliert Magen-Darm-Funktion. Gut bei Appetitlosigkeit, Mundschleimhautentzündung, chronischer Verstopfung.

Anzahl Portionen:	2
Kalorien p. Portion	121
Gramm p. Portion	226
Kochdauer ca.	5 Min.
Allergene:	G

(Kohlehydrat:86,93% / Eiweiß & Fett:13,07%)
100g.≈ Eiweiß 2,73g. Fett:1,05g.
µg. - Ph:15,94 Na:7,47 Ka:102,09 Mg:10,74 Ca:22,08 Fe:0,14 Zn:0,04 Col.:0,28 Hsr.:5,73

Zutaten:
Mangosaft 100 ml. / 100g. (wenig)
Joghurt (natur, 1,5 % Fett) 100 g. / 100g. (ja)
Mineralwasser 100 ml. / 100g. (ja)
Banane 1/2 Stück / 150g. (empfehlenswert)
Acerola Fruchtnektar oder Pulver 1 TL / 2g. (wenig)

Kochanleitung:
Alle Zutaten und 2-3 Eiswürfel im Mixer fein pürieren.

3.32 Nudelsuppe

Schont die Verdauungsorgane, entgiftet, senkt Blutdruck, bakterizid, stärkt Immunsystem, Muskeln, Sehnen und Knochen, regt Leberfunktion an. Wirkt bei Appetitlosigkeit und Blähungen.

Anzahl Portionen:	8
Kalorien p. Portion	237
Gramm p. Portion	303,88
Kochdauer ca.	1 1/2 Stunden
Allergene:	ACEGL

(Kohlehydrat:63,55% / Eiweiß & Fett:36,45%)
100g.≈ Eiweiß 14,74g. Fett:5,04g.
µg. - Ph:8,6 Na:5,71 Ka:23,73 Mg:2,3 Ca:3,96 Fe:0,15 Zn:0,02 Col.:0,34 Hsr.:7,1

Zutaten:
Rind Suppenfleisch 300 g. / 300g. (wenig)
Wasser 1 Liter / 900g. (ja)
Lorbeerblatt 1 Stück / 1g. (ja)
Karotte (Mohrrübe, Möhre) 300 g. / 300g. (empfehlenswert)
Sellerie Stangensellerie 1 Staude / 200g. (ja)
Blumenkohl (Karfiol) 300 g. / 300g. (wenig)
Petersilie 1 Bund / 100g. (empfehlenswert)
Nudeln (Weizen) mit Ei 300 g. / 300g. (ja)
Butter Bio 1 EL / 10g. (ja)
Salz 1 TL / 2g. (wenig)
Sojasauce 1 EL / 8g. (wenig)
Tomatenmark 1 EL / 10g. (wenig)

Kochanleitung:
Das Fleisch abwaschen und im Wasser mit dem Lorbeerblatt bei schwacher Hitze etwa 30 Min. köcheln lassen. Die Karotten schälen und in Scheiben schneiden. Von der Selleriestaude das untere Ende und die Blätter abtrennen. Die Stiele waschen, die zähen Fäden abziehen und die Stiele in etwa 1 cm dicke Scheiben schneiden. Rosenkohl waschen, putzen und dabei die Röschen von unten kreuzweise einschneiden. Die Petersilie waschen und klein schneiden. Rosenkohl und Karottenscheiben zur Suppe geben und alles etwa 30 Min. weiterkochen. Nach etwa 10 Min. den Sellerie samt grünen Blättern sowie die Nudeln dazugeben. Zum Schluss Lorbeerblatt und Selleriegrün entfernen. Die Suppe mit Salz, Sojasoße, Tomatenmark und der restlichen Petersilie würzen. Das Fleisch herausheben, von Fett und Knochen befreien und würfeln und in der Suppe servieren.

3.33 Preiselbeer-Joghurt-Mix

Gut bei akuter oder chronischer Verstopfung, Mundschleimhautentzündung, Durchfall, Blähungen, Reizdarm.

Anzahl Portionen: 2
Kalorien p. Portion 57
Gramm p. Portion 197,5
Kochdauer ca. 5 Min.
Allergene: GO
(Kohlehydrat:75,06% / Eiweiß & Fett:24,94%)
100g.≈ Eiweiß 2,13g. Fett:1,02g.
µg. - Ph:14,34 Na:11,73 Ka:26,32 Mg:5,43 Ca:33,22 Fe:0,03 Zn:0,03 Col.:0,4 Hsr.:0,41

Zutaten:

Joghurt (natur, 1,5 % Fett) 125 g. / 125g. (ja)
Preiselbeermarmelade 2 EL / 20g. (ja)
Mineralwasser 250 ml. / 250g. (ja)

Kochanleitung:

Joghurt, Preiselbeer-Marmelade und Mineralwasser mit dem Standmixer schaumig rühren.

3.34 Quarkknödel auf Erdbeermus

Erdbeeren stärken Milz, Magen und Blut. Eier beruhigen Nerven und Magen.

Anzahl Portionen: 5
Kalorien p. Portion 553
Gramm p. Portion 296,2
Kochdauer ca. 30 Min.
Allergene: ACG
(Kohlehydrat:40,09% / Eiweiß & Fett:59,91%)
100g.≈ Eiweiß 18,89g. Fett:46,85g.
µg. - Ph:26,63 Na:18,36 Ka:29,44 Mg:4,74 Ca:12,16 Fe:0,21 Zn:0,02 Col.:2,41 Hsr.:3,59

Zutaten:

Topfen (Quark) 20% 500 g. / 500g. (ja)
Dinkel Gries 150 g. / 150g. (ja)
Butter Bio 40 g. / 40g. (ja)
Huhn Ei 2 Stück / 120g. (wenig)
Zucker (Staubzucker) 2 EL / 20g. (wenig)
Salz 1 Prise / 1g. (wenig)
Brösel (Weizenbrot, Semmel) 3 EL / 25g. (ja)
Butter Bio 100 g. / 100g. (ja)
Erdbeere 500 g. / 500g. (ja)
Zucker (Staubzucker) 3 EL / 25g. (wenig)

Kochanleitung:
Quark, Grieß, Butter, Eier, Puderzucker und Salz zu einem glatten Teig verrühren. Den Teig ca. 15 Min. im Kühlschrank ruhen lassen. Danach kleine Knödel (ca. 4 cm) formen und in leicht kochendem Salzwasser ca. 10 Min. ziehen lassen. In einer Pfanne Butter erwärmen und die Brösel darin goldbraun anrösten. Die Knödel vorsichtig in den Bröseln wälzen. Aus Erdbeeren und Puderzucker mit dem Mixstab ein Mus pürieren und zu den Knödeln reichen.

3.35 Reis mit Pastinake

Vitaminreich, Mineralstoffe Kalium und Zink. Bei Durchblutungsstörungen, Thrombose, Emboliegefahr, Bluthochdruck, Kopfschmerzen, Herzinfarkt, Schlaganfall, Hefepilzinfektionen.

Anzahl Portionen:	3
Kalorien p. Portion	206
Gramm p. Portion	261,33
Kochdauer ca.	45 Min.

(Kohlehydrat:78,37% / Eiweiß & Fett:21,63%)
100g.≈ Eiweiß 5,17g. Fett:4,53g.
µg. - Ph:20,16 Na:2,09 Ka:94,99 Mg:7,61 Ca:10,6 Fe:0,15 Zn:0,07 Col.:0 Hsr.:12,18

Zutaten:
Reis Sorte beliebig 1 Tasse / 120g. (ja)
Wasser 2 Tassen / 200g. (ja)
Salz 1 Prise / 1g. (wenig)
Pastinake 3-4 Stück / 450g. (ja)
Olivenöl 1 EL / 10g. (wenig)
Salbei 1 TL / 3g. (ja)

Kochanleitung:
Pastinake schälen und in Scheiben schneiden. Kurz in Öl anbraten. Reis hinzugeben und kurz mitbraten. Mit Wasser übergießen und mindestens 30 Min. lang kochen lassen. Mit etwas frischem gehacktem Salbei bestreuen.

3.36 Reis-Congee mit Karotten und Fenchel

Stärkt und wärmt Magen, lindert Verstopfung, regt Nerven an, entgiftet, lindert Entzündungen, verbessert Durchblutung, senkt Blutdruck, bakterizid, stärkt Immunsystem, beugt Krebs vor, reduziert Strahlenverletzungen.

Anzahl Portionen: 3
Kalorien p. Portion 132
Gramm p. Portion 284,67
Kochdauer ca. 2 Stunden
Allergene: G
(Kohlehydrat:94,12% / Eiweiß & Fett:5,88%)
100g.≈ Eiweiß 4,18g. Fett:1,37g.
µg. - Ph:9,78 Na:9,7 Ka:55,1 Mg:64,86 Ca:68,94 Fe:0,4 Zn:0,03 Col.:0,09 Hsr.:3,77

Zutaten:
Grundrezept für eine Reissuppe 1/2 Liter / 500g. (empfehlenswert)
Karotte (Mohrrübe, Möhre) 2 Stück / 100g. (empfehlenswert)
Fenchel 1 Stück / 250g. (empfehlenswert)
Butter Bio 1 TL / 3g. (ja)
Kardamom 1/2 TL / 1g. (ja)

Kochanleitung:
Reis-Congee nach Grundrezept kochen. Karotten und Fenchel putzen und klein schneiden. Hinweis: Wenn Karotten und Fenchel von Anfang an mitgekocht werden, dienen sie der Bekömmlichkeit. Werden sie kurz vor Ende der Kochzeit zugegeben, bleiben Geschmack und Vitamine erhalten. Vor dem Servieren mit Butter und Kardamom verfeinern.

3.37 Reis-Dulse-Suppe

Stärkt Milz und Leber, senkt Blutdruck, bakterizid, stärkt Immunsystem. Gut bei Durchblutungsstörungen, Durchfall und Fieber. Vitamin C bekämpft freie Radikale, fördert den Austausch von Eisen und Calcium, erhöht Resistenz gegen Infektionskrankheiten.

Anzahl Portionen:....................2
Kalorien p. Portion....................191
Gramm p. Portion....................507,5
Kochdauer ca. 5 min
Allergene: L
(Kohlehydrat:96,23% / Eiweiß & Fett:3,77%)
100g.≈ Eiweiß 4,98g. Fett:1,75g.
µg. - Ph:9,95 Na:13,47 Ka:7,78 Mg:105,69 Ca:185,97 Fe:0,27 Zn:0,05 Col.:0 Hsr.:2,68

Zutaten:
Grundrezept für eine Reissuppe 4 Tassen / 500g. (empfehlenswert)
Grundrezept für eine Gemüsebrühe 1/2 Liter / 500g. (empfehlenswert)
Dulse (Lappentang) 2 EL / 15g. (ja)

Kochanleitung:
Je eine Portion vorgekochtes Grundrezept für eine Reissuppe (Congee) und vorgekochtes Grundrezept für eine Gemüsebrühe (nahrhaft) aufwärmen. Dulse im Backofen bei 220 Grad 3 Min. backen und die knusprige Dulse über den Reis streuen.

3.38 Reispudding

Reguliert Magen-Darm-Funktion, stärkt Milz, Magen und Muskeln, liefert Vitamin C.

Anzahl Portionen:	1
Kalorien p. Portion	316
Gramm p. Portion	329
Kochdauer ca.	2 Stunden
Allergene:	G

(Kohlehydrat:75,96% / Eiweiß & Fett:24,04%)
100g.≈ Eiweiß 9,26g. Fett:7,36g.
µg. - Ph:91,08 Na:31,47 Ka:222,68 Mg:30,22 Ca:77,57 Fe:0,44 Zn:0,42 Col.:3,65 Hsr.:17,51

Zutaten:
Kuhmilch (Vollmilch 3,5 % Fett) 200 ml. / 200g. (wenig)
Reis Rundkornreis 25 g. / 25g. (ja)
Banane 100 g. / 100g. (empfehlenswert)
Rote Grütze (ohne Zucker) 2 TL / 4g. (ja)

Kochanleitung:
Die Hälfte der Milch in einem kleinen Topf zum Kochen bringen. Den Reis einstreuen und bei schwacher Hitze etwa 15 Min. kochen lassen. Die Banane schälen, mit dem Pürierstab fein zermusen und den Rote-Bete-Saft dazugeben. Das Bananenmus unter den heißen Reis ziehen. Eine hübsche Puddingform (ca. ¼ l Inhalt) mit kaltem Wasser ausschwenken, den Bananenreis in die Form füllen und den Pudding bei Zimmertemperatur ausquellen lassen. Nach etwa 3 Std. ist er fest und kann gestürzt werden. Die restliche Milch als Getränk dazugeben.

3.39 Rinderbrühe mit Eigelb

Stärkt Muskeln, Sehnen und Knochen, senkt Blutdruck, bakterizid, stärkt Immunsystem.

Anzahl Portionen: 1
Kalorien p. Portion 174
Gramm p. Portion 275
Kochdauer ca. 5 Min.
Allergene: CO
(Kohlehydrat:79,01% / Eiweiß & Fett:20,99%)
100g.≈ Eiweiß 13,95g. Fett:11,42g.
µg. - Ph:95,65 Na:29,33 Ka:23,55 Mg:84,18 Ca:199,09 Fe:1,38 Zn:1,25 Col.:115,67 Hsr.:3,82

Zutaten:
Grundrezept für eine Rinderbrühe 1/4 Liter / 250g. (empfehlenswert)
Huhn Eigelb 1 Stück / 25g. (wenig)

Kochanleitung:
Rindersuppe (nach Grundrezept für eine Rinderbrühe hergestellt) aufwärmen und das Dotter darin verquirlen.

3.40 Tee aus Anissamen

Anis (gemeiner Fenchel) fördert Verdauung, stärkt Magen und Milz.

Anzahl Portionen: 4
Kalorien p. Portion 3
Gramm p. Portion 125,75
Kochdauer ca. 15 Min.
(Kohlehydrat:51,11% / Eiweiß & Fett:48,89%)
100g.≈ Eiweiß 0,14g. Fett:0,12g.
µg. - Ph:0,71 Na:0,27 Ka:2,06 Mg:0,5 Ca:2,29 Fe:0 Zn:0,01 Col.:0 Hsr.:0

Zutaten:
Anis (gemeiner Fenchel) 1 TL / 3g. (empfehlenswert)
Wasser 1/2 Liter / 500g. (ja)

Kochanleitung:
Wasser zum Kochen bringen und beiseite stellen. Anis zugeben, 10 Min. ziehen lassen und durch ein Teesieb abgießen. Nach Geschmack mit Honig süßen. Um eine heilsame Wirkung zu erzielen, sollte man pro Tag 2 Tassen Anis-Tee trinken.

3.41 Tee aus Fenchel

Harmonisiert Magen, lindert Blähungen.
Anzahl Portionen: 4
Kalorien p. Portion 0
Gramm p. Portion 130
Kochdauer ca. 10 min
(Kohlehydrat:0% / Eiweiß & Fett:0%)
100g.≈ Eiweiß 0g. Fett:0g.
µg. - Ph:0 Na:0,24 Ka:0 Mg:0,24 Ca:1,2 Fe:0 Zn:0,01 Col.:0 Hsr.:0

Zutaten:
Fencheltee 2 EL / 20g. (empfehlenswert)
Wasser 1/2 Liter / 500g. (ja)

Kochanleitung:
Wasser zum Kochen bringen und beiseite stellen. Fencheltee dazugeben und 10 Min. ziehen lassen. Abseihen und nach Geschmack mit Honig süßen.

3.42 Tee aus Kamille

Gut bei Blähungen, Brechreiz, Darmkrämpfen, Durchfall, Entzündung der Mundschleimhaut, grippalen Infekten, Magen- und Darmschleimhautentzündung, schlecht heilenden Wunden, Übelkeit, Erkältungskrankheiten, Hautausschlägen, Entzündungen im Genital- und After.
Anzahl Portionen: 1
Kalorien p. Portion 0
Gramm p. Portion 123
Kochdauer ca. 10 Min.
(Kohlehydrat:0% / Eiweiß & Fett:0%)
100g.≈ Eiweiß 0g. Fett:0g.
µg. - Ph:0 Na:0,98 Ka:0 Mg:0,98 Ca:4,88 Fe:0,01 Zn:0,1 Col.:0 Hsr.:0

Zutaten:
Kamille 1 TL / 3g. (empfehlenswert)
Wasser 1 Tasse / 120g. (ja)

Kochanleitung:
Wasser zum Kochen bringen und beiseite stellen. Kamillenblüten zugeben und 10 Min. ziehen lassen, dann abseihen.

3.43 Tee aus Käsepappel

Hilft bei Magenschmerzen und Gastritis.
Anzahl Portionen: 2
Kalorien p. Portion 0
Gramm p. Portion 257
Kochdauer ca. 10 Min.
(Kohlehydrat:0% / Eiweiß & Fett:0%)
100g.≈ Eiweiß 0g. Fett:0g.
µg. - Ph:0 Na:0,49 Ka:0 Mg:0,49 Ca:2,43 Fe:0 Zn:0,02 Col.:0 Hsr.:0

Zutaten:

Käsepappeltee 2 EL / 14g. (empfehlenswert)
Wasser 1/2 Liter / 500g. (ja)

Kochanleitung:

Wasser zum Kochen bringen und beiseite stellen. Käsepappeltee dazugeben und 10 Min. ziehen lassen. Nach Geschmack mit Honig süßen. Beim Eingießen abseihen.

3.44 Tee aus Malven

Lindert Reizhusten, beruhigt Schleimhäute in Mund- und Rachenraum, Hals, Magen und Darm, hemmt Entzündungen, leicht zusammenziehend (adstringierend).
Anzahl Portionen: 4
Kalorien p. Portion 0
Gramm p. Portion 126
Kochdauer ca. 10 Min.
(Kohlehydrat:0% / Eiweiß & Fett:0%)
100g.≈ Eiweiß 0g. Fett:0g.
µg. - Ph:0 Na:0,06 Ka:0 Mg:0,06 Ca:0,31 Fe:0 Zn:0,01 Col.:0 Hsr.:0

Zutaten:

Malventee 2 Teebeutel / 4g. (ja)
Wasser 1/2 Liter / 500g. (ja)

Kochanleitung:

Wasser zum Kochen bringen und beiseite stellen. Malve zugeben und 10 Min. ziehen lassen. Nach Geschmack mit Honig süßen.

3.45 Tee aus Rooibos

Antioxidativ, entzündungshemmend, antibakteriell, antiviral, antifungal, entgiftend (basisch), krebshemmend, schützt durch enthaltene Flavonoide, positive Wirkung bei Alzheimer und Arteriosklerose. Antiallergisch, hemmt die Histaminausschüttung.

Anzahl Portionen: 5
Kalorien p. Portion 0
Gramm p. Portion 200,8
Kochdauer ca. 10 Min.
(Kohlehydrat:0% / Eiweiß & Fett:0%)
100g.≈ Eiweiß 0g. Fett:0g.
µg. - Ph:0 Na:0,2 Ka:0 Mg:0,2 Ca:1 Fe:0 Zn:0 Col.:0 Hsr.:0

Zutaten:

Wasser 1 Liter / 1000g. (ja)
3-4 TL Rooibos Tee

Kochanleitung:

Rooibos mit einem Liter kochenden Wasser überbrühen und 6-10 Min. ziehen lassen. Bei weichem Wasser können Sie weniger Tee für die Zubereitung nehmen, bei härterem Wasser empfehlen wir eine höhere Dosierung.

3.46 Vanillepudding

Gegen Verstopfung.

Anzahl Portionen: 2
Kalorien p. Portion 255
Gramm p. Portion 274,5
Kochdauer ca. 10 Min.
Allergene: G
(Kohlehydrat:67,17% / Eiweiß & Fett:32,83%)
100g.≈ Eiweiß 8,11g. Fett:8,88g.
µg. - Ph:44,27 Na:33,55 Ka:70,35 Mg:5,7 Ca:55,16 Fe:0,1 Zn:0,09 Col.:1,37 Hsr.:0

Zutaten:

Kuhmilch (Vollmilch 3,5 % Fett) 500 ml. / 500g. (wenig)
Puddingpulver Vanille 1 Paket / 37g. (ja)
Zucker (weiß, aus Rüben) 1 EL / 12g. (wenig)

Kochanleitung:

3-5 EL der Milch in eine Tasse geben und den Rest in einem Topf zum Kochen bringen. Das Puddingpulver zusammen mit dem Zucker und der Milch in der Tasse klümpchenfrei verrühren. Sobald die Milch kocht, die Mischung zugeben und unter ständigem Rühren auf kleiner Flamme ca. 3 Min. kochen. In vorbereitete Schälchen verteilen.

4 Wirkung der Lebensmittel

4.1 Zutaten verwenden: empfehlenswert

Anis (gemeiner Fenchel)
Aubergine
Banane
Banane Kochbanane
Brombeere
Dill
Dorsch
Feldsalat
Fenchel
Fenchelsamen gemahlen
Fencheltee
Flaschenkürbis
Hokkaidokürbis
Holunderbeeren
Holunderblütentee
Honigmelone
Hüttenkäse
Kamille
Karausche
Karotte (Frühkarotte)
Karotte (Mohrrübe, Möhre)
Karottensaft ohne Zucker
Kartoffel
Kartoffel (mehlige)
Käsepappeltee
Kerbel
Kerbel getrocknet
Kräuterteemischung
Kresse
Kümmel
Kümmel gemahlen
Kürbis
Liebstöckel
Petersilie
Petersilienwurzel
Rote Rübe
Schwarzkümmel
Sellerie Knolle
Spargel (grün oder weiß)
Speiserüben
Spinat
Wachskürbis
Wassermelone
Zucchinix

4.2 Zutaten verwenden: ja

Aloesaft
Amaranth
Amaranth POPS
Angelikawurzel
Apfelmus
Artischocke
Astronautenkost
Austern
Backpulver
Baldrian
Bambussprossen
Banchatee
Barsch
Basilikum
Basilikum (frisch)
Bataviasalat
Beeren der Saison
Berberitzenrindetee
Bitterklee
Blattsalate (bitter)
Blütenpollen
Bockshornklee
Borretsch
Boxhornkleesamen
Brennnessel
Brokkoli
Brombeerblätter
Brösel (Weizenbrot, Semmel)
Brot mit Johannisbrotkernmehl
Brötchen (Semmel)
Buchweizen
Buchweizen (geröstet) Kasha
Bulgur (Getreide)
Butter (halbfett)
Butter Bio
Buttermilch
Calamari
Channa-Dal
Chicorée
Chlorella (Süßwasser)
Chrysanthemenblütentee
Couscous
Cumin (Kreuzkümmel)
Dashi
Dinkel
Dinkel Flocken
Dinkel Gries
Dornhai (Seeaal, Schillerlocken)

Dulse (Lappentang)
Eisbergsalat
Endiviensalat
Enzianwurzel
Erdbeere
Estragon
Färberdiestel (Hong Hua)
Feige
Fischstücke gemischt (Süßwasser)
Flunder
Forelle
Früchtetee
Galgant
Gänseblümchen
Garnele
Gelatine weiss
Gelee Royal
Gerste
Gerste (Nacktgerste)
Gerste (Perlgerste)
Gerstengras Pulver
Gerstengraupen
Gerstengrütze
Gerstenmalz
Gerstenmehl
Getreidekaffee
Ginkgofrucht
Ginsengwurzel
Glühweingewürzmischung
Granatapfel
Grüner Tee
Guave
Hafer
Hafer Mehl
Hafer Milch
Hafer Schmelzlocken (Babynahrung)
Hagebutte
Hagebuttentee
Haifisch
Heidelbeere
Heilbutt
Hibiskustee
Hijiki
Himbeerblättertee
Himbeere
Hiobsträne (Samen) YiYi Ren
Hirse
Hirseflocken
Huhn Eiweiß
Hummer
Jasminblütentee
Joghurt (natur, 1,5 % Fett)
Johannisbeere (rot)
Johannisbeere (schwarz)
Johannisbeere (weiß)
Johannisbrotkernmehl
Kabeljau
Kaffeeweißer
Kaktusfeige
Kalmus
Kapuzinerkresse
Karambole/Sternfrucht
Kardamom
Kartoffelmehl
Kefir
Klettenwurzeltee
Knäckebrot
Kohlrabi
Kohlrübe
Kompott (Früchte der Saison)
Kopfsalat
Koriander
Koriandergrün
Krabbe
Krake
Kräuter bittere
Kräuter der Provence
Kräuter verschiedene
Kräuter Wildkräuter
Kuhmilch (1,5 % Fett)
Kukichatee
Kumquat
Kurkuma (Gelbwurz)
Kuzu
Lachs
Languste
Laugengebäck
Lavendelblüten
Leberglättertee
Liebstöckelsamen
Lindenblütentee
Löffelbiskuit
Longane
Lorbeerblatt
Löwenzahn (junger)
Löwenzahnsaft
Löwenzahnwurzeltee
Luohan-Frucht
Lychee
Lychee (Konserve)
Magermilchpulver
Mais
Mais (geröstet)
Mais (Schnellpolenta)
Mais Gries (Polenta)
Mais Mehl (Maizena)
Maishaartee
Maisstärke

Majoran
Malventee
Mangold
Maulbeerfrucht
Meeräsche
Meereskrebs
Melisse
Miesmuscheln
Mineralwasser
Miso
Miso schwarz (fermentiert)
Mispel
Mittelmeerfisch (Kabeljau, Scholle, Schellfisch, Seeaal, Makrele)
Molke
Moosbeere
Muskatnuss
Nelke
Nori, Purpurtang, Rotalge
Nudeln (Weizen) mit Ei
Nudeln (Weizen, Bandnudeln) mit Ei
Nudeln (Weizen, Lasagneblätter) mit Ei
Nudeln (Weizen, Spagetti) mit Ei
Okra
Orangenblüten
Oregano frisch
Oregano getrocknet
Papaya
Passionsblumenblütentee
Passionsfrucht (Maracuja)
Pastinake
Pfefferminze
Pfefferminztee
Pfeilwurzelmehl
Piment
Preiselbeere
Preiselbeermarmelade
Preiselbeersaft
Puddingpulver Vanille
Qualle
Quargel 20%
Quinoa
Quitte
Radicchio
Reis Basmatireis
Reis Duftreis
Reis Gaoliangreis (Sorghum)
Reis Klebreis
Reis Langkornreis
Reis Reisschleim
Reis Roter
Reis Rundkornreis
Reis Sorte beliebig
Reis Süßer
Reismalz
Reismehl
Reisnudeln
Reisstärke
Rettich schwarz
Rettichblätter (vom Wochenmarkt)
Rhabarber
Roggen
Roggenmehl
Römersalat/Lattich-Salat
Rosenblättertee
Rosenblütentee
Rosmarin
Rotbarsch
Rote Grütze (ohne Zucker)
Safran
Sago (Getreide)
Sahne 10% Kaffeesahne
Sahne sauer 10%
Salbei
Sanddorn
Sauerampfer
Sauermilch
Sauerrahm 15% Fett
Sauerteig
Schafgarbe
Schafgarbentee
Schafmilch Joghurt
Schafskäse
Schafsmilch
Schmelzkäse 12%
Schnecke
Scholle
Schwarzwurzel
Schwedenkraut (Schwedenbitter)
Sellerie Stangensellerie
Shrimps
Spitzwegerichtee
Stachelbeere
Sternanis
Stevia (Süßkraut)
Stutenmilch
Süßholzwurzeltee
Süßkartoffel
Süßwasserfisch
Süßwasserkrebs
Teemischung Harnsäuresenkend
Thymian
Thymian getrocknet
Tintenfisch
Topfen (Quark) 20%
Tsampa (geröstetes Gerstenmehl)
Vanille
Vanillepulver

Vanilleschote
Vogelmiere
Vogerlsalat (Pflücksalat)
Wacholderbeere
Wakame
Walderdbeeren
Wasser
Wasser heiss
Weißbrot (Weizenbrot)
Weißbrot Baguette
Weißbrot Brösel (Weizenbrot)
Weißbrot Knödelbrot (Weizenbrot)
Weißbrot Salzstangerl
Weißbrot Semmel
Weißdorn
Weißfischchen
Weißwurz
Weizen
Weizen Bulgurweizen
Weizen Fladenbrot
Weizen Flocken
Weizen Gras Pulver
Weizen Gries
Weizen Gries - Kindergries
Weizen Mehl
Weizengrassaft
Wermutkraut
Wildkräuter
Yamswurzel, Yamswurzelknolle
Yogitee
Ysop
Ziegen- und Schafsmilch
Ziegenkäse
Zimtpulver
Zimtstange
Zitronengras
Zitronenmelisse (frisch)
Zitronenmelisse (getrocknet)
Zuckerersatz (Süßstoff)
Zwieback

4.3 Zutaten verwenden: wenig

Acerola Fruchtnektar oder Pulver
Agar-Agar, Agartang
Agavendicksaft
Ahornsirup
Ananas
Ananas (aus der Dose)
Ananassaft ungezuckert
Apfel (sauer)
Apfel (süß)
Apfelsaft (Naturtrüb)
Aprikosen Marmelade
Avocado
Bärentraubenblätter
Beerensaft
Benediktinerdistel
Birne
Birnensaft
Blumenkohl (Karfiol)
Bohnenöl
Borretschöl
Bratöl
Brombeermarmelade
Buchweizen Vollkorn
Butterschmalz
Cranberries
Datteln getrocknet
Datteln rot
Dinkel Brot
Dinkel Vollkornmehl
Distelöl
Edamer
Eibisch (Hibiscus)
Entenei
Erdbeermarmelade
Erdbeersaftgetränk
Erdnussöl
Essig (Apfelessig)
Essig (Rotweinessig)
Essig Aceto Balsamico
Essig Aceto Balsamico weiss
Fasan
Feige getrocknet
Feta
Fisch Innereien
Fischreste
Fischsouce
Frischkäse
Frischkäse aus Soja
Frischkäse mit Kräuter
Fruchtzucker (Fruktose, Traubenzucker)
Gänseei
Gemüsesaft
Gewürznelke
Gouda
Graskarpfen
Grünkern
Gurke
Gurke (bitter)
Gurke (Gewürzgurke)
Hafer Flocken geröstet
Hafer Schrot

Hammel
Hase
Hase, wild
Hefe
Heidelbeere getrocknet
Heidelbeermarmelade
Heidelbeersaft
Hering
Himbeere getrocknet (unreife)
Himbeermarmelade
Hirsch Fleisch
Hirsch Knochen
Honig
Hopfen
Huhn Ei
Huhn Eigelb
Huhn Fleisch
Joghurt (natur, 3,5 % Fett)
Johannisbeermarmelade (rot)
Johannisbeermarmelade (schwarz)
Johannisbeernektar (schwarz)
Kakao
Kaninchen Fleisch
Kapern (eingelegt)
Kastanien (Maronen)
Kaviar
Kiwi
Kombualge
Korinthen (rot)
Korinthen (schwarz)
Kuhmilch (Vollmilch 3,5 % Fett)
Kürbiskernöl
Lamm Fleisch
Lamm Knochen
Lamm Schulter
Leinöl
Maiskeimöl
Makrele
Malz
Mango
Mangopulver
Mangosaft
Margarine
Margarine (Diät)
Mehrkornbrot (Graubrot)
Mohn
Mozzarella
Nektarine
Obstmischung Fruchtsaft
Olivenöl
Orangenmarmelade
Palmöl
Pferd Fleisch
Pfirsich
Pfirsich (Dose)
Pute Brustfleisch
Pute Schinken
Rapsöl
Reh Fleisch
Rind (Kalb)
Rind Filet
Rind Fleisch
Rind Fleischknochen
Rind Ochsenschwanzstücke
Rind Suppenfleisch
Rosinen
Sahne sauer 20%
Salz
Salz Kräutersalz
Schaffleisch
Schimmelkäse
Schmelzkäse 30%
Schwein Fleisch
Schwein Haxe (Eisbein)
Schwein Schinken
Schwein Schinken gekocht
Schwein Schinken geselcht
Senfsamen
Sesamöl
Soja Tofu
Soja Tofu geräuchert
Sojabohnenmilch
Sojamehl
Soja-Nudeln
Sojaöl
Sojasauce
Sonnenblumenöl
Taube
Taube Ei
Thunfisch
Tomate
Tomatenmark
Tomatenpüre
Tomatensaft
Tonicwasser
Topfen (Quark) 40%
Trauben rot
Trauben weiß
Traubenkernöl
Traubensaft rot
Traubensaft weiß
Trüffel
Umeboshipaste
Vanillezucker natur
Wachtel
Wachtel Ei
Walnussöl
Weizenkeimöl

Wildschwein Fleisch
Ziege
Zucker (Staubzucker)
Zucker (weiß, aus Rüben)
Zucker braun
Zucker Fructose Fruchtzucker
Zucker Glukose Traubenzucker
Zucker Kandis weiß
Zucker Melasse
Zucker Milchzucker
Zucker Palmzucker
Zucker Ursüße (Zuckerrohr) süß

4.4 Kontraindikativ wirkende Lebensmittel nicht verwenden

Aal
Aal geräuchert
Adzukibohnen
Andornkraut
Aprikose
Aprikose getrocknet
Aprikosennektar
Austernpilze
Austernschalenpulver
Bärlauch (Knoblauchspinat)
Bier (alkoholarm)
Bier (alkoholfrei)
Bier (Altbier)
Bier (Pils)
Bitter Lemon
Bitterlikör
Bitterorangenschale
Blätterteig
Bocksdornfrüchte (Fructus Lycii) getrocknet
Bohnen (grün, frisch)
Bohnenkraut
Brie
Brombeere getrocknet (unreife)
Buschbohnen
Butterbohnen weiße
Camembert
Campari
Cashewnüsse
Champignon
Chenpi (chinesische Mandarinenschale)
Chili (Schote oder gemahlen)
Chinakohl
Clementinen
Colagetränk
Colagetränk (kalorienarm)
Creme fraiche
Curry
Currypaste rot
Eibennuss
Emmentaler
Ente (Frühmastente, schlachtfrisch)
Ente (Herz)
Erbse, grün
Erbsen
Erdnuss (geröstet)
Erdnussbutter
Erdnüsse
Essiggurke
Färberginsterkraut
Fernet Branca (Kräuterbitterlikör)
Flohsamen
Forelle (geräuchert)
Gagelpflaume
Gans
Gans (Gänseklein)
Gans (Gänseschmalz)
Gänseblut
Garam Masala Pulver
Ginsenglikör
Gorgonzola
Grapefruit getrocknete Schale
Grapefruit/Pampelmuse/Pomelo
Grapefruitsaft
Grundrezept für eine Entenbrühe
Hafer Flocken (Vollkorn)
Haselnüsse
Hirsch Nieren
Honigwein (Met)
Huhn Blut
Huhn Herz
Huhn Leber
Huhn Magen
Ingwer frisch
Ingwer Pulver
Ingweröl
Kaffee
Kaki-Pflaume
Kaninchen Leber
Karpfen
Kichererbsen
Kirsche
Kirsche (sauer)
Kirschenkompott
Kirschsaft

Klementine
Knoblauch
Kokosfett
Kokosflocken
Kokosmilch
Kokosnussfleisch
Kokosraspeln
Kürbiskerne
Lamm Leber
Lamm Nieren
Lauch (Porree)
Lauchzwiebel Schnittlauch
Leinsamen
Leinsamen (geschrotet)
Limabohnen
Linsen (Helmbohnen)
Linsen gelb
Linsen rot
Linsen schwarz
Lycheelikör
Malzbier
Mandarine
Mandelmilch
Mandelmus
Mandeln
Mandeln Marzipan
Maniokmehl
Marillen
Marillensaft
Martini
Mayonnaise 50%
Mayonnaise 80%
Mirabelle
Mixed Pickels
Morchel (schwarz, getrocknet)
Mu-Erh-Pilz
Mungbohne
Mungbohnensprossen
Müsli
Nachtkerzenöl
Nierenbohnen (rote)
Nudeln (Vollkorn) mit Ei
Odermennig
Oliven
Oliven grün
Orange
Orange abgeriebene Schale
Orange getrocknete Schale
Orange Schale
Orangensaft
Paprika
Paprika (Rosenpaprikapulver)
Paprika (süß)
Paranuss
Parmesan
Peperoni
Peperoni, gelb, entkernt, halbiert
Peperoni, rot, entkernt, halbiert
Pfeffer Cayenne
Pfeffer Körner
Pfeffer weiss (gemahlen)
Pfifferlinge/Eierschwammerl
Pflaume
Pflaume getrocknet
Pinienkerne
Pintobohnen gesprenkelt
Pistazien
Prosecco
Pumpernickel
Radieschen
Reineclaude
Reis Schwarzer
Reis Vollkorn
Reis Wilder (Naturreis)
Reishi
Rettich (weiß, grün, lila-rot)
Rettich Meerrettich (Kren)
Rind Herz
Rind Herz (Kalb)
Rind Knochenmark
Rind Leber
Rind Lunge (Kalb)
Rind Magen
Rind Niere
Roggen Vollkornbrot
Rosenkohl
Rotkohl
Rotwein
Rum
Sahne sauer 30%
Sahne, süß 30%
Sake
Sardellen/Sardine
Saubohnen (Dicke Bohnen)
Sauerkirsche
Sauerkraut
Schlehdorn
Schnaps
Schokolade
Schokolade (Diabetiker)
Schwarzaugenbohnen
Schwarze Bohnen
Schwarzer Fungu Pilz
Schwarztee
Schwein Blut
Schwein Bratwurst
Schwein Darm
Schwein Fett

Schwein Haut
Schwein Herz
Schwein Hirn
Schwein Leber
Schwein Lunge
Schwein Magen
Schwein Markknochen (Röhrenknochen)
Schwein Mettwurst
Schwein Nieren
Schwein Schinkenspeck
Schwein Schmalz
Seegurke
Senf
Senf Dijon
Senf mittelscharf
Senf süß
Sesam Paste (Tahini)
Sesam, Schwarzer
Sesam, Weißer
Sesamöl geröstet
Sherry
Shiitake, getrocknet
Silbermorchel, getrocknet
Soja Cuisine (Soja-Sahne)
Sojabohne
Sojabohnen, Gelbe
Sojabohnen, Schwarze
Sojabohnen, Schwarze, fermentiert
Sojacreme
Sojapaste (Miso)
Sonnenblumenkerne
Stangenbohnen (Fisolen)
Steinpilz/Herrenpilz
Tabasco
Toastbrot (Vollkorn)
Tomate getrocknet
Umeboshipflaumen (Japanaprikosen)
Vollkornbrot
Vollkornbrot mit ganzen Körner
Vollkornmehl
Walnüsse
Walnüsse geröstet
Weiße Bohnen
Weißkohl/Weißkraut
Weißwein
Weizen Bier
Weizen Mehl Vollkorn
Weizen/Roggen Grau- Schwarzbrot mit Hefe
Weizenkleie
Wermut
Wirsing/Grünkohl
Ziegen- und Schafsblut
Ziegen- und Schafshirn
Ziegen- und Schafsleber
Ziegen- und Schafsmagen
Zitrone
Zitrone Saft
Zitrone Schale
Zitrone, Limette
Zwetschken
Zwiebel Frühlingszwiebel
Zwiebel rot
Zwiebel Schalotte
Zwiebel weiss

5 Komplementär

5.1 Dekokt (Abkochung)

5.1.1 Muttergedenkenwurzel

Senkt Fieber, lindert Schleimhautentzündungen, weicht gereiztes Darmgewebe auf, wirkt harntreibend und abschwellend.
Abkochung 6-12 g, in zwei Dosen auf leeren Magen trinken
Als Pulver (pur, Kapseln oder Pillen) 5-10 g, in zwei Dosen auf leeren Magen mit warmem Wasser oder Wein trinken.
Nicht anwenden bei: bei Leere-Kälte-Zuständen in Milz und Magen; bei wässrigem Durchfall Besonderheiten: Chronische Anwendung kann zu Darmträgheit führen.
Unverträglichkeit mit: Eisenpräparaten, allen Gegenständen aus Eisen.
Vorsichtig verwenden bei: weichem Stuhl durch Milz-Xu.

5.2 Heil-Tee (Aufguss)

5.2.1 Andorn

Anregend auf die Luft- und Verdauungswege, blutbildend, entzündungshemmend,
2 Teelöffel des Tees mit 250 ml kochendem Wasser übergießen und 10 Minuten ziehen lassen. Danach absieben. Nach Bedarf 2 bis 3 Tassen pro Tag trinken.
Äußerlich kann man Andorn-Tee oder verdünnte Tinktur in Form von Umschlägen, Bädern oder Waschungen anwenden. Mit dieser Art der Anwendung kann man Ekzeme lindern.
Andorn hilft äußerlich eingesetzt auch gegen Geschwüre und andere Wunden, die nicht heilen wollen.
Nicht während der Schwangerschaft, in der Stillperiode oder von Personen mit Herzerkrankungen verwenden.

5.2.2 Berberitzen-Wurzel

Antiseptisch, gut gegen Leberfunktionsstörungen, Gallenleiden, Gelbsucht und Verdauungsstörungen.
Stärkt und kräftigt die Leber. Wirksam bei Leberkrankheiten, besonders bei Gelbsucht und Hepatitis. Immunsystem-Stimulans, verdauungsfördernd, entfernt Protozoen-Parasiten (Amöben), aktiviert die

Schilddrüse und wird als eines der nützlichsten Kräuter angesehen. Eines der wirksamsten Kräuter um die Milz, die Gallenblase und Leberfunktion zu korrigieren, außerdem wirksam gegen Gelbsucht, Gastritis, Leber- und Nierenverstopfung und Schwächezustände. Ein wirksamer Magen- und Darm- und Blutreiniger. Sie hilft, Verstopfungen und Ablagerungen zu entfernen. Weil sie antiseptische Eigenschaften hat, hilft sie bei Leberproblemen.
Nicht in der Schwangerschaft verwenden.

5.2.3 Kamille

Krampflösend und entzündungshemmend bei Verdauungsstörungen, beruhigt die Nerven und fördert guten Schlaf. Äußerlich angewendet heilt er Wunden sowohl im Mund-Rachen-Raum als auch der Haut. Stärkt Sehkraft.
2 Teelöffel des Tees mit 250 ml kochendem Wasser übergießen und 10 Minuten ziehen lassen. Danach absieben. Nach Bedarf 2 bis 3 Tassen pro Tag trinken.
Wirkstoffe: Äth. Öl: Chamazulen, Bisabolol, Flavonoide, Cumarine
Vor Dauergebrauch wird gewarnt, ansonsten unbedenklich.

5.2.4 Odermennig

Bei hartnäckigem Rheumatismus, bei Bettnässen, manche Entzündungen im Mund und Milzleiden.
1–4 g getrockneter Tee als Dekokt, 1–4 ml Tinktur
Das Kraut enthält viele Bitter- und Gerbstoffe und hilft daher als Tee bei Magen-Darm-Erkrankungen und Leberleiden. Lindert als Gurgelmittel auch Zahnfleischentzündungen, Halsweh und Husten.

5.2.5 Rooibos

Antioxidativ, entzündungshemmend, krebshemmend, schützt durch enthaltene Flavonoide, positive Wirkung auch auf Alzheimer, Arteriosklerose. Antiallergisch, hemmt die Histaminausschüttung. Antibakteriell, antiviral, antifungal, entgiftend (basisch).
3-4 Teelöffel Rooibos mit einem Liter kochendem Wasser überbrühen und 6-10 Min. ziehen lassen. Bei weichem Wasser benötigen Sie weniger Tee für die Zubereitung, bei härterem Wasser empfehlen wir eine höhere Dosierung.

5.2.6 Schiefer Schillerporling, Chaga oder Tschaga

Der Extrakte aus den Knollen stimuliert das Immunsystem, wirkt entzündungshemmend und schützen die Leber und die Bauchspeicheldrüse.
Der Chaga zählt, durch seinen hohen Gehalt an Glucanen zu den Substanzen, die in der Lage sind, regulierenden und regenerativen Einfluss auf biochemische Abläufe im Organismus zu nehmen. Dies bedeutet unter anderem, Überfunktionen wie bei einer Allergie oder Psoriasis nach unten und Unterfunktionen, z.B. im Alter, nach oben zu regulieren.

5.3 Kapseln

5.3.1 Holunderschwamm, Chinesische Morchel, Mu Err

Ähnlich entzündungshemmender Effekt wie Aspirin, diesem gegenüber jedoch die klaren Vorteile, weder die Blutgefäße zu beschädigen noch die Produktion der Magenschleimhaut zu hemmen. Er wirkt befeuchtend auf die Schleimhäute.
Der Mineralstoff- und Spurenelementanteil beträgt ca.5,4% des getrockneten Pilzes. Davon ist ca. ein Drittel Kalium, gefolgt von Kalzium, Natrium, Silizium, Magnesium und Phosphor. An Vitaminen ist momentan nur Vitamin B1 zu nennen. Der Pilz enthält reichlich ß-D-Glucane, Polysaccharide, Glykoproteine und Aminosäuren.

5.4 Komplementäre Anwendung

5.4.1 Apitherapie

Die Heilwirkung von Honig, Propolis, Blütenpollen, Gelee Royale und Bienengift: Propolis hat starke antibakteriellen, pilzhemmende und antiallergischen Eigenschaften und unterstützt dadurch jeden Heilungsprozess.
Das Heilen mit Bienenprodukten ist eine der ältesten Therapieverfahren. Die Heilwirkung von Honig, Propolis, Blütenpollen, Gelee Royale und Bienengift sind lange bekannt. Propolis hat starke antibakteriellen, pilzhemmende und antiallergischen Eigenschaften und unterstützt dadurch jeden Heilungsprozess. Blütenpollen ist aufgrund seines Reichtums an essentiellen Aminosäuren, sekundären Pflanzenstoffen (u. a. Flavonoide), organisch gebundenen Mineralstoffen und Vitaminen ein wichtiges Mittel zur Stärkung der Abwehrkräfte. Das Wachstum von Krebszellen (Neuroblastom) könnte gehemmt werden.
Der Wirkstoff Artepillin C soll die Bildung neuer Blutgefäße im Tumor hemmen, was zum Aushungern und damit zur Schrumpfung führen kann.

Heute weiß man, dass die Entstehung bestimmter Krebsarten im Zusammenhang mit Viren steht.
In dem Propolis seine antivirale Wirkung entfaltet, kann eine krebsvorbeugende und krebshemmende Wirkung entstehen.

5.4.2 Vitamin E Präparate

Dosierung mit Ihrem Arzt absprechen. Es ist ein Blutbild erforderlich. Ein Esslöffel Weizenkeimöl oder eine Handvoll Haselnüsse decken den Bedarf eines erwachsenen Menschen, wenn die Nahrung richtig aufgeschlossen wird.
Extreme Überdosierung von Vitamin E kann unter bestimmten Umständen ernste Folgen haben.

5.4.3 Weihrauch

Entzündungshemmend, beruhigend.
Als Räucherwerk, Salbe oder Dragees

5.5 Verschiedene Möglichkeiten

5.5.1 Himbeere Blätter

Lindert blutige Diarrhöe, Menstruationsbeschwerden. Kräftigt Bänder in der Schwangerschaft. Kräftigt Muttermund vor der Geburt und macht sie flexibler. Gut gegen Entzündungen von Haut und Schleimhäuten (Mundschleimhaut, Halsweh, Ekzeme).
5-10g. Blätter mit 1 Liter Wasser.

5.5.2 Tintenpilz, Schopftintling, Spargelpilz

Entzündungshemmend, senkt Blutzucker, regt Peristaltik an.
Der Spargelpilz enthält viel Vitamin C und B3, Riboflavin und Thiamin. Der getrocknete Pilzes besteht zu 22-38% aus Eiweiß, darin enthalten 20 freie Aminosäuren. Hoher Mineral- und Spurenelementgehalt. Stark antioxidativ und entzündungswidrig wirkend. Senkt den Blutzucker. Das beruht zum Großteil auf den hohen Gehalt organisch gebundenem Vanadium. Hoher Gehalt an Lektine regt die Peristaltik an.
Sie können empfindlich mit Durchfällen reagieren, probieren Sie zuerst keine Portionen aus.

6 Grundlagen der Ernährung

Die hier beschriebenen Grundlagen der Ernährung zeigen allgemeine Empfehlungen und beziehen sich nicht auf eine spezielle Therapieform. Die Empfehlungen der Therapie haben Vorrang.

6.1 Ernährung

Die regelmäßige Einnahme von Mahlzeiten in entspannter Atmosphäre. Ein wärmendes Frühstück gilt als guter Start in den Tag.
Mittags sollte die Hauptmahlzeit stattfinden - das Abendessen am frühen Abend.

Die Beachtung von Hunger- und Sättigungsgefühlen: Nicht überessen und nicht hungern, so lautet die Regel.

Die frische Zubereitung der Speisen aus naturbelassenen, regionalen Produkten. Tiefgekühlte, hitzekonservierte, industriell vorgefertigte oder mikrowellengegarte Lebensmittel werden gemieden.

Die Auswahl von Lebensmittel nach der Jahreszeit: Im Sommer mehr kühlende Nahrung, im Winter mehr wärmende Nahrung.

Mindestens zweimal am Tag Gekochtes essen. Speisen und Getränke sollen möglichst handwarm, niemals eiskalt oder heiß sein.

Rohkost, kurz gegartes Gemüse, frisch gepresste Säfte und Mineralwasser werden üblicherweise nicht empfohlen. Milch und Milchprodukte stehen nur dann auf dem Speiseplan, wenn sie problemlos vertragen werden.

Therapeutische Rezepte nicht über einen längeren Zeitraum ohne Rücksprache mit dem Arzt oder Therapeuten einnehmen.

1. Vielseitig essen
Lebensmittelvielfalt genießen. Merkmale einer ausgewogenen Ernährung sind abwechslungsreiche Auswahl, geeignete Kombination und angemessene Menge nährstoffreicher und energiearmer Lebensmittel. (Einerseits Schutz vor Unterversorgung mit essentiellen Nährstoffen und andererseits Schutz vor einer überhöhten Zufuhr unerwünschter Inhaltsstoffe.)

2. Reichlich Getreideprodukte - und Kartoffeln
Brot, Nudeln, Reis, Getreideflocken (am besten aus Vollkorn), sowie

Kartoffeln enthalten kaum Fett, aber reichlich Vitamine, Mineralstoffe, Spurenelemente sowie Ballaststoffe und sekundäre Pflanzenstoffe. Diese Lebensmittel sollten mit möglichst fettarmen Zutaten verzehrt werden.

3. Gemüse und Obst - Nimm "5" am Tag ...
5 Portionen Gemüse und Obst am Tag, möglichst frisch, nur kurz gegart, oder auch eine Portion als Saft – idealerweise zu jeder Hauptmahlzeit und auch als Zwischenmahlzeit: Damit werden reichlich Vitamine, Mineralstoffe sowie Ballaststoffe und sekundären Pflanzenstoffe (z.B. Carotinoiden, Flavonoiden) zugeführt. Das Beste, was man für die eigene Gesundheit tun kann.

4. Täglich Milch und Milchprodukte, ein- bis zweimal in der Woche
Fisch; Fleisch, Wurstwaren sowie Eier in Maßen. Diese Lebensmittel enthalten wertvolle Nährstoffe, wie z.B. Calcium in Milch, Jod, Selen und Omega-3-Fettsäuren in Seefisch. Fleisch ist wegen des hohen Beitrags an verfügbarem Eisen und an den Vitaminen B1, B6 und B12 vorteilhaft. Mengen von 300 - 600 g Fleisch und Wurst pro Woche reichen hierfür aus. Fettarme Produkte bevorzugen, vor allem bei Fleischerzeugnissen und Milchprodukten.

5. Wenig Fett und fettreiche Lebensmittel
Fett liefert lebensnotwendige (essenzielle) Fettsäuren und fetthaltige Lebensmittel enthalten auch fettlösliche Vitamine. Fett ist besonders energiereich, daher kann zu viel Nahrungsfett Übergewicht fördern, möglicherweise auch Krebs. Zu viele gesättigte Fettsäuren fördern langfristig die Entstehung von Herz-Kreislauf-Krankheiten. Pflanzliche Öle und Fette bevorzugen (z.B. Raps-, Oliven- und Sojaöl und daraus hergestellte Streichfette). Auf unsichtbares Fett achten, das in Fleischerzeugnissen, Milchprodukten, Gebäck und Süßwaren sowie in Fast-Food- und Fertigprodukten meist enthalten ist. Insgesamt 70 - 90 Gramm Fett pro Tag reichen aus.

6. Zucker und Salz in Maßen
Nur gelegentlich Zucker und Lebensmittel, bzw. Getränke verzehren, die mit verschiedenen Zuckerarten (z.B. Glucose Sirup) hergestellt wurden. Kreativ mit Kräutern und Gewürzen und wenig Salz würzen. Jodiertes Speisesalz bevorzugen.

7. Reichlich Flüssigkeit
Wasser ist absolut lebensnotwendig. Jeden Tag rund 1-2 Liter Flüssigkeit trinken. Wasser (ohne oder mit Kohlensäure) und andere kalorienarme Getränke bevorzugen. Alkoholische Getränke sollten nicht konsumiert

werden.

8. Schmackhaft und schonend zubereiten
Die jeweiligen Speisen bei möglichst niedrigen Temperaturen garen, soweit es geht kurz, mit wenig Wasser und wenig Fett - das erhält den natürlichen Geschmack, schont die Nährstoffe und verhindert die Bildung schädlicher Verbindungen.

9. Sich Zeit nehmen und das Essen genießen
Bewusstes Essen hilft, richtig zu essen. Auch das Auge isst mit. Sich beim Essen Zeit lassen. Das macht Spaß, regt an, vielseitig zuzugreifen und fördert das Sättigungsempfinden.

10. Auf das Gewicht achten und in Bewegung
Ausgewogene Ernährung, viel körperliche Bewegung und Sport (30 bis 60 Minuten pro Tag) gehören zusammen. Mit dem richtigen Körpergewicht fühlt man sich wohl und fördert die Gesundheit.
Thermik, Wirkrichtung, Verdauungskraft
Es gibt unterschiedliche Kriterien, die Wirksamkeit von Kräutern und Lebensmittel zu beurteilen. Der Einsatz der Kräuter und Zutaten basiert auf Beobachtung, was die Lebensmittel, Kräuter und Gewürze nach ihrem Verzehr im Körper bewirken. In der Medizin hat sich daraus folgendes System entwickelt: Jede Zutat oder Kraut hat eine Wirkrichtung. Außerdem gibt es noch Kräuter, die eine besondere Wirkung auf bestimmte Organe haben.

Voraussetzung für einen gesunden Stoffwechsel ist es, darauf zu achten, dass wir ausreichend Energie aus der Nahrung gewinnen und der Verdauungsprozess so wenig Energie wie möglich verbraucht. Eine bekömmliche Mahlzeit macht zufrieden und satt, verursacht keine Blähungen und keine Müdigkeit nach dem Essen. Richtiges Würzen erhöht die Bekömmlichkeit unserer Speisen. Es genügen oft schon geringe Mengen an Kräutern und Gewürzen. Sie dienen nicht dazu, uns satt zu machen, sondern helfen unseren Verdauungsorganen, die Nahrung zu verdauen.

6.2 Rezepte

Die Rezepte zeigen Ihnen welche Zutaten verwendet werden sowie mit der Kochanleitung wie diese zubereitet werden. Bei den Zutaten wird neben den Mengenangaben auch die Wichtigkeit für die Therapie angezeigt. Wenn dabei angezeigt wird "weniger als angegeben" versuchen Sie diese Empfehlung einzuhalten oder eine Alternative aus der Liste der "Empfohlenen Lebensmittel" zu finden. Meistens ist es nur eine leichte geschmackliche Änderung wenn Sie diese Zutat gänzlich weglassen.

Schonende Kochmethoden: Kochen, dämpfen, pochieren, dünsten
Scharfe Kochmethoden: Grillen, rösten, anbraten, räuchern
Ausgeglichene Kochmethoden: Frittieren, Römertopf

Auf das Einfrieren und erwärmen in der Mikrowelle sollte verzichtet werden (Denaturierung).

6.3 Lebensmittel

Lebensmittel wirken wie Heilkräuter auf Körper und Geist, nur wesentlich sanfter. Die Ernährungsberatung stützt sich hauptsächlich auf heimische Lebensmittel. Das Wissen über die Wirkungsweisen jedes einzelnen Lebensmittels und das Wissen wann welche Lebensmittel zur Anwendung kommen, entstammt der Schulmedizin. Verwende Sie möglichst Erzeugnisse aus ökologischen-biologischem Landbau.

Da wegen der besseren Verdaulichkeit grundsätzlich alles lange gekocht und kaum roh gegessen wird, ist die Verträglichkeit hervorragend.

Die Einteilung der Lebensmittel entsprechend ihrer Wirkung auf den Körper und bildet die Basis, um einen ausgewogenen und harmonischen Gesundheitszustand im Körper zu erreichen.

Grundsätzlich empfiehlt die Ernährungsberatung keine bestimmten Lebensmittel für Jedermann. Ausschlaggebend für den individuellen Speiseplan ist vor allem die persönliche Konstitution.

Kaufen Sie nur frisches und reifes Obst und Gemüse ein. Braune Stellen, welke Blätter aber auch unreifes Obst und Gemüse sollten Sie im Supermarkt zurücklassen. Greifen Sie dann zu Tiefkühlware (keine Fertiggerichte!). Tiefkühlobst und -gemüse werden kurz nach dem Ernten schockgefroren und enthalten deshalb oftmals mehr Vitamine und Mineralstoffe, als die Ware aus der Obst- und Gemüsetheke! Konserven- und Dosenware dagegen enthält wesentlich weniger Biostoffe. Zudem werden Letztere meist mit Salz, Zucker usw. angereichert. Lassen Sie die Zutaten nach dem Waschen nie im Wasser liegen, denn so gehen viele Vitalstoffe ins Wasser über! Putzen Sie Salate, Früchte und Gemüse erst unmittelbar vor Verzehr.

Beachten Sie bitte die hygienische Verarbeitung der Lebensmittel. Waschen Sie Ihre Salate, Früchte und Gemüse gründlich. Bei Gerichten mit Fleisch bereiten Sie zuerst die Zutaten vor und verarbeiten dann die Fleischprodukte. Reinigen Sie danach die Arbeitsflächen und Werkzeuge besonders gründlich. Holzunterlagen sollten regelmäßig mit leichtem Desinfektionsmittel behandelt werden um die Keimbildung einzuschränken.

Bewahren Sie Obst und Gemüse möglichst getrennt voneinander auf. Auch geerntete Früchte und Gemüse leben und strömen z.B. Ethylengas aus, das andere Sorten schneller reifen und altern lässt. Fleisch und Fisch in der verschlossenen Verpackung lassen oder in luftdichten Boxen im Kühlschrank aufbewahren.

6.4 Kräuter

Bei der Aufbewahrung und Lagerung von Heilkräutern, müssen gewisse Grundregeln beachtet werden. Grundsätzlich müssen Heilkräuter geschützt vor direkter Sonneneinstrahlung, vor Feuchtigkeit und vor heißen Temperaturen gelagert werden.

Als Gefäße für die Lagerung von Heilkräutern können Gläser, Keramik-Behälter und zur Not auch Plastik-Dosen eingesetzt werden. Plastik ist aber ein sehr unreines Material und sollte daher wirklich nur eine kurzfristige Notlösung sein. Bei Glasbehältern ist darauf zu achten, dass dunkles Glas verwendet wird.

Heilkräuter können nicht beliebig lange aufbewahrt werden. Die Haltbarkeit von Heilkräutern ist auf jeden Fall begrenzt. Durch die Haltbarkeitsdauer kann durch sachgerechte Lagerung wesentlich erhöht werden. So soll der Lagerplatz dunkel, eher kühl und absolut trocken sein. Ein Medizinschrank aus Holz, der nicht direkt bei einer Wärmequelle platziert ist wäre ideal. Um Ihre Heilkräuter nicht wegwerfen zu müssen, kaufen Sie nicht zu große Mengen an Heilpflanzen. Beschriften Sie die Behälter mit dem Namen des Heilkrauts und dem Datum der Ernte bzw. der Verarbeitung.

7 Weitere Ernährungsvorschläge

Folgende Syndrome der Diätetik, der TCM oder als Therapieergänzung bei Krebs sind verfügbar.

DIÄTETIK

1. Ernährung des Säuglings - Beikost
2. Ernährung in der Stillzeit
3. Ernährung im Alter
4. Ernährung von Kindern und Jugendlichen
5. Ernährung von Sportlern
6. Leichte Vollkost
7. Schwangerschaft
8. Vollkost

Eiweiß und Elektrolyt – Nieren

9. (Hämo-)Dialysebehandlung
10. Akutes Nierenversagen
11. Chronische Niereninsuffizienz
12. Nephrotisches Syndrom
13. Nierensteine (Nephrolithiasis)

Gastrointestinaltrakt - Bauchspeicheldrüse

14. Akute Pankreatitis (Entzündung der Bauchspeicheldrüse)
15. Chronische Pankreatitis (Entzündung der Bauchspeicheldrüse)

Gastrointestinaltrakt - Dünndarm und Dickdarm

16. Akute Obstipation (Verstopfung)
17. Chronische Obstipation (Verstopfung)
18. Colon irritabile
19. Divertikulitis
20. Erworbene Laktoseintoleranz (Laktosemalabsorption)
21. Fruktosemalabsorption
22. Glutensensitive Enteropathie (Zöliakie)
23. Kolektomie
24. Kurzdarmsyndrom

Gastrointestinaltrakt - Leber, Gallenblase, Gallenwege

25. Akute und chronische Hepatitis (Entzündung der Leber)
26. Cholelithiasis (Gallensteine)
27. Fettleber
28. Leberzirrhose

Gastrointestinaltrakt - Magen und Zwölffingerdarm

29. Akute Gastritis
30. Chronische Gastritis
31. Magenblutung
32. Ulcus ventriculi und Ulcus duodeni
33. Zustand nach Magenoperation

Gastrointestinaltrakt - Mundhöhle und Speiseröhre

34. Mundschleimhautentzündung
35. Ösophaguskarzinom (Speiseröhrenkrebs)
36. Reflüxösophagitis (Sodbrennen)

spezielle Krankheiten

37. Phenylketonurie (PKU)
38. Rheumatische Gelenkserkrankungen

Stoffwechsel

39. Adipositas (Übergewicht)
40. Diabetes mellitus
41. Essstörungen (Untergewicht)

Fettstoffwechsel

42. Hypercholesterinämie (erhöhter Cholesterinspiegel)
43. Hepatische Enzephalopathie

Herz- und Kreislauf

44. Arteriosklerose (Arterienverkalkung)
45. Herzinsuffizienz
46. Hypertonie (Bluthochdruck)
47. Hyperurikämie und Gicht

veränderter Nährstoffbedarf

48. bei Fieber
49. bei malignen Erkrankungen
50. nach Verbrennungen
51. Strahlen- und Chemotherapie

KREBS

100. Bauchspeicheldrüse
101. Blasenkrebs
102. Blutkrebs (Leukämie)
103. Brustkrebs
104. Darmkrebs
105. Magenkrebs
106. Nierenkrebs
107. Speiseröhrenkrebs

TCM

200. Blase - Feuchte Hitze in der Blase
201. Blase - Feuchtigkeit und Kälte in der Blase
202. Blase - Leere und Kälte in der Blase
203. Dickdarm - äussere Kälte befällt den Dickdarm
204. Dickdarm - Feuchte Hitze im Dickdarm
205. Dickdarm - Hitze blockiert den Dickdarm II akut
206. Dickdarm - Trockenheit des Dickdarms
207. Dickdarm - Yang Mangel (Kälte)
208. Herz - Blut Mangel
209. Herz - Blut Stagnation
210. Herz - Feuer
211. Herz - Heisser Schleim verstopft die Herzporen
212. Herz - Kalter Schleim verstopft die Herzporen
213. Herz - Qi Mangel
214. Herz - Yang Mangel
215. Herz - Yin Mangel
216. Leber - aufsteigender Leber-Yang
217. Leber - Blut-Mangel
218. Leber - Blut-Stagnation
219. Leber - feuchte Hitze in Leber und Gallenblase
220. Leber - Feuer
221. Leber - Gallenblase Qi-Leere
222. Leber - Kälte im Lebermeridian
223. Leber - Qi-Stagnation

224. Leber - Wind
225. Leber - Wind mit aufsteigendem Leber Yang
226. Leber - Wind mit Blutleere
227. Leber - Wind mit extremer Hitze
228. Lunge - Qi Mangel
229. Lunge - Schleim-Feuchtigkeit in der Lunge
230. Lunge - Schleim-Hitze in der Lunge
231. Lunge - Schleim-Kälte in der Lunge
232. Lunge - Trockenheit der Lunge
233. Lunge - Wind-Hitze befällt die Lunge
234. Lunge - Wind-Kälte befällt die Lunge
235. Lunge - Yin Mangel
236. Magen - Blutstagnation
237. Magen - Feuer
238. Magen - Magenkälte mit Flüssigkeit
239. Magen - Nahrungsstagnation
240. Magen - Qi Mangel
241. Magen - rebellierendes Magen Qi
242. Magen - Yin Leere
243. Milz - Hitze und Feuchtigkeit befällt die Milz
244. Milz - Kälte und Feuchtigkeit befällt die Milz
245. Milz - Qi Mangel
246. Milz - Qi Mangel + Absinkendes MilzQi
247. Milz - Qi Mangel + Milz kontrolliert das Blut nicht
248. Milz - Yang Mangel
249. Niere - Herz und Niere kommunizieren nicht mehr
250. Niere - Jing Mangel
251. Niere - Nieren können das Qi nicht empfangen
252. Niere - Qi ist nicht fest
253. Niere - Yang Mangel
254. Niere - Yin Mangel